ediciones carena

ALBERTO PÉREZ RIERA

DE CANTOS Y REVOLUCIONES

Y DE CÓMO EL AMOR
TRANSFORMA EL MUNDO

Primera edición: febrero de 2024

© Alberto Pérez Riera, 2024

© Ediciones Carena, 2024

Ediciones Carena
c/Alpens, 31-33
08014 Barcelona
T. 934 310 283
info@edicionescarena.com
WWW.EDICIONESCARENA.COM

Diseño de la cubierta: Natàlia Caro
Imagen de cubierta: naturaleza muerta *Sin título* (1977), de la pintora Dora Riera Vinyals
Dibujos de interior, páginas 19 y 113: Alberto Pérez Riera
Corrección: Marta Rodríguez

Coordinación y revisión: Jesús Martínez
WWW.REPORTEROJESUS.COM

Depósito legal B 3224-2024

ISBN 978-84-19890-41-2

Impreso en España - Printed in Spain

Dedicado a Helena.

Del tronco de esta derrota florecerá la victoria futura.
Quien no se mueve, no siente las cadenas.

ROSA LUXEMBURG

PRÓLOGO

Decía Leszek Kolakovski que nadie se pregunta por el sentido de la vida si no se tiene la necesidad de modificarla y, siendo eso como es, los que viven su vida para que nada cambie, los que apuestan por la conservación del estado de cosas existente porque de ello dependen sus condiciones materiales, no sólo no se preguntan por su sentido si no que, al no tener ya esta necesidad, no podrán tener grandes fines vitales sustentados en valores éticos objetivos, como son la justicia o la solidaridad social, por los que orientar o distinguir así sus vidas cotidianas. Porque, si bien es verdad que pudieran estar tan satisfechos con su vida que ya no necesitaran preguntarse por su sentido, también lo es que una vida así satisfecha, vivida sin negar una realidad que en su base social es profundamente injusta, solo puede ser una satisfacción superficial, puramente egoísta y amputada de los sentimientos nobles que pueden ser vividos.

Por eso, preguntarse por el sentido de la vida no es una simple pregunta filosófica que inocentemente nos podamos plantear, es una pregunta con filo, peligrosa y molesta para las clases dominantes que quieren seguir manteniendo sus privilegios frente a la mayoría de la cual viven y, por tanto, seguir manteniendo unas relaciones basadas en clases sociales. Asimismo, decía Kolakovski, que el sentido de la vida no se puede desligar de la vida cotidiana. Efectivamente, lo que puede dar verdadero sentido a la vida solo se puede encontrar dentro de la vida misma y no fuera de ella, no encontraremos nada más que vacío si nos hacemos preguntas metafísicas por su sentido o, tal vez sí, pero solo puede ser un inmenso abismo carente de toda significación.

Por tanto, preguntarnos por el sentido de la vida ha de ser igual a preguntarnos por el fin de toda vida vivida, cual es el objetivo de ésta, qué persigue y anhela, y resulta que el centro de toda vida vivida no son más que las vidas de los seres humanos, por lo que el sentido de la vida significa preguntarse por los objetivos y los sueños de los seres humanos que libremente han escogido darse. Pero entonces el problema surge cuando las personas no son lo suficientemente libres para poder escoger libremente su camino o, incluso, cuando presuponiéndose libres ellas mismas, no han sido ellas las que han elegido su verdadero destino sino una sociedad que las ha manejado y alienado.

Porque no hay nadie que se pueda sustraer a la sociedad que le ha tocado vivir, todos nos movemos bajo sus relaciones y presupuestos, independientemente de que seamos críticos o no. Pero hay personas que se acomodan a la realidad y renuncian a todo tipo de crítica o lucha social, personas que han sido cooptadas por un sistema que en el fondo las cosifica y las hace renunciar a su esencia humana, a los nobles sentimientos humanos, haciéndoles vivir un falso sentido de la vida que en el fondo está muerto. El sentido de la vida está vivo, reluce al universo con su amor al ser humano, son los fines de las personas que creen en la utopía, que creen en la construcción de sociedades donde el ser humano no sea una especie peligrosa para otros y para la naturaleza, sociedades técnicamente posibles (ya poseemos la técnica para comenzar a construir estas sociedades, que potencialmente puede cubrir todas las necesidades básicas, como decía Marcuse) y, aunque los que acunan estos sentidos son conscientes de las dificultades, no por eso dejan de orientar sus vidas bajo sentimientos y valores éticos sin dejar de creer en las posibilidades que encierran los seres humanos.

Son las personas que hacen de sus medios de vida fines en sí mismos, algunas pintan, otras cantan, otras cuidan, otras son empleadas y se sensibilizan por las cosas que les ha tocado vivir. Todos tienen en común la negación de lo que debe ser negado. Y mientras haya personas que no pueden decidir libremente su propio camino, su propio sentido de la vida, entonces el fin principal en esta hora que nos ha tocado vivir ha de ser luchar por la libertad de todos. Una vida con sentido necesita amor y pasión por lo que se hace, porque se cree en ello –y hoy la mayor parte de la humanidad no puede ni tan siquiera soñar con una vida así, tan solo sobrevivir, vivir al día–: despojados, heridos, maltratados, en muchos casos asesinados.

Por eso, crear las condiciones sociales para que cada uno pueda escoger libremente el fin de su vida es primordial. La vida es lo que tenemos y puede ser transformada, ha de ser nuestra materia prima que modifique el rumbo y nos modifique así a nosotros mismos también. No podemos caer en la impotencia y sucumbir a monstruos que niegan la vida, que engañan y seducen pero que en el fondo no ofrecen más que viejas recetas ya caducadas. Muchos de estos monstruos se vienen despertando entre nosotros, pero no olvidemos y preveamos aquella frase tan célebre de Antonio Gramsci que decía «el viejo mundo se muere, el nuevo tarda en aparecer. Y en ese claroscuro surgen los monstruos». Los poemas que aquí he escrito son todos cantos a la vida, a las creaciones que emanan de ella, al poder de transformación del ser humano y las sociedades, a la esperanza que nunca se apaga, al amor que ha de marcar la pauta de nuestras relaciones, al hecho de que el sentido social de la vida es mucho más que las cosas con las que nos inunda el mercado.

Los Cantos hablan del amor, del amor que da sentido a la vida, del amor que mueve el mundo, el amor que debe ser la simiente por la que transite la humanidad. No hay vida sin amor, se puede estar vivo, pero no hay vida. La vida se marchita sin amor, se agota, se contrae, desaparece. Es el amor el que lo puede lograr todo, todo lo mueve, todo lo transforma. Sin amor no hay revolución. No puede haber revolución verdadera sin él, verdadero cambio, verdadera semilla de esperanza histórica. No se puede vivir abierto al mundo y a la naturaleza si vivimos solo por y para las cosas, si nuestra vida no solo palpita al ritmo de movimientos muertos sino que, en nuestra máximo esplendor de locura, nos plegamos en nuestras decisiones sociales más importantes a esos dioses sin alma y sin cordura. No podemos aducir que la vida es efímera y hay que vivirla lo mejor que se pueda, puesto que no sólo sería vivir una vida a espaldas de lo que nos purifica como seres racionales, sino que está en juego la supervivencia de nuestra especie. No se puede avanzar verdaderamente hasta que la humanidad deje de maltratarse mutuamente, no se puede ser libre si el otro no lo es, si un pueblo no lo es, eso es un autoengaño indecente.

Las circunstancias son las que son y nos ha tocado vivir una etapa histórica alienante, desmemoriada, infantilizada, ultrajada. Por eso, no podemos abstraernos de estos hechos históricos que nos conforman y de los cuales estamos hechos, debemos mirarlos de frente y, con la fuerza del amor universal, traspasarlos. Por más que avancemos en la ciencia, avances necesarios que se dan a través de revoluciones que invalidan total o parcialmente las teorías anteriores, no daremos el gran paso definitivo hacia la verdadera historia; hasta que al fin no haya clases sociales, poseídos y poseedores, explotados y explotadores. Verdaderamente es el único camino posible por el que avanzar y, sin la solidaridad sustentada en el amor, será imposible. El amor es la esperanza que calma y cura, el sentimiento de todos los sentimientos, el centro de todo centro. Y por eso el amor es el centro no solo de los *Cantos,* sino que también lo es de las *Revoluciones.* No queda alternativa más que amar. Pensémoslo bien (lo cual no es fácil).

Pero el amor no basta. El amor es el motor pero también hace falta una teoría y una praxis revolucionaria. Como dejó escrito Lenin, «sin teoría revolucionaria no puede haber movimiento revolucionario». Tenemos que detectar qué es lo que funciona mal en nuestras sociedades, que debe ser cambiado y cambiarlo. De ahí los poemas titulados *Revoluciones.* Todos debemos unirnos, las clases trabajadoras europeas con las del sur global, todos. Cada uno hacer lo que pueda desde sus posibilidades, desde su sensibilidad. Pero nuestros enemigos no son los inmigrantes pobres que se ahogan en el Mediterráneo, los que intentan cruzar los muros levantados por el capitalismo, que son muchos y separan a los amos de los esclavos, nuestros enemigos están en casa y se dedican a robar materias primas de los países en vías de desarrollo, a explotar mano de obra infantil y mano de obra en general, a mantener un sistema basado en la acumulación capitalista por encima de todo, por encima incluso de las decisiones más elementales para que la sociedad pueda vivir más humanamente, e incluso a provocar guerras cuando así lo exija su capital.

Mientras el capital valga más que el hecho de que nadie muera por desnutrición o enfermedades curables y, eso siempre pasará mientras exista el capital, entonces seguiremos viviendo en una sociedad cancerosa. Nuestras sociedades son cancerosas y la causa profunda se debe al fetichismo, fetichismo que emana en todo su esplendor del capitalismo. Es el fetichismo a nuestros dioses lo que provoca que nos arrodillemos ante ellos y no cojamos las riendas de nuestro propio destino social. En nuestras relaciones sociales las mercancías cobran vida propia, el capital autónomamente pasa de la forma dinero a la forma mercancía y de nuevo a dinero, revalorizándose. De manera fetichista las personas se cosifican pasando a ser meros objetos de ese capital autónomo que es lo central, mientras que el capital pasa a ser el sujeto. Los individuos no son los dueños de sus propias relaciones sociales puesto que el verdadero poder lo tienen las cosas, ya que siempre hay que hacer todo lo posible, a costa de todo, incluso a costa del niño enfermo, para que se siga acumulando el capital, siendo así que las cosas son las que acaban decidiendo. El poder lo tienen las cosas.

El raciocinio humano está supeditado a ellas, las sociedades están mediadas y planificadas por los mercados. Pero estos dioses han sido creados por nosotros, nosotros a lo largo de la historia les hemos dado ese poder. Por lo que somos nosotros los que podremos y acabaremos deshaciéndonos de ellos para pasar a vivir una vida solidaria basada en los anhelos de los humanos como fin que guiará las sociedades, despertando todos así a una verdadera vida con sentido. No se tratará de una sociedad perfecta ni mucho menos, se tratará de una sociedad con sentido que se guiará ella misma por ella misma, una sociedad que pondrá toda su tecnología a su servicio y al servicio de la vida y, no como ahora, al servicio del monstruo. Las *Revoluciones* denuncian el estado de cosas de nuestras sociedades, pero, al mismo tiempo, apuestan por el cambio y la esperanza.

Espero que las *Revoluciones* inciten a la revolución.

Para terminar, no puedo ni debo dejar de decir que mientras escribo estas líneas están siendo asesinados, con la complacencia de la Unión Europea y del Occidente en general, miles de niñas y niños en ese campo de concentración llamado Gaza, perteneciente a la Palestina ocupada. En un futuro, nos preguntaremos cómo fue posible que nadie hiciera nada para parar la ocupación y el genocidio de palestinos que dura ya más de un siglo, pues realmente ya comenzó antes de la gran Nakba (desastre) del 48, cuando los palestinos fueron por primera vez despojados de sus tierras y masacrados en masa, al igual que muchos se preguntan ahora cómo fue posible que nadie hiciera nada para parar el exterminio llevado a cabo por los nazis.

Si no se hizo nada cuando los nazis comenzaron a perseguir a los judíos y no se hace nada ahora, cuando el Estado sionista de Israel lleva tanto tiempo colonizando y maltratando, en su *apartheid* diario a los palestinos, no es sino porque las sociedades occidentales están basadas en sus cimientos por relaciones sociales de valor, de puro y simple valor y, desde esa base, no pueden salir a la praxis valores éticos sociales solidarios ni humanos, solo monstruos egoístas que se mueven por puros intereses económicos para que las hipócritas sociedades occidentales puedan seguir funcionando mientras lo esquilman todo en su rueda sin fin. El sionismo es la ideología heredera del nazismo, no cabe duda. Una ideología que ya fuera condenada en la ONU por supremacista y racista. Una ideología que no parará hasta expulsar a todos los palestinos de sus tierras, una ideología sanguinaria, deshumanizadora, terrorífica.

Una ideología que, por cierto, condenan multitud de judíos por todo el mundo, también en el Estado sionista de Israel. A esta hora, desde su 11-S particular (el 7 de octubre), el

Estado terrorista de Israel ha acabado con la vida, incluyendo desaparecidos, de más de 21.000 personas, incluidos más de 8.000 niñas y niños. Y continúan los bombardeos. El sionismo lo celebra. Lleva celebrándolo durante décadas con el silencio cómplice de Occidente y su prensa masiva. No olvidemos que antes del 7 de octubre, durante el año 2023, el apartheid sionista ya había asesinado a más de 200 civiles palestinos, más de 40 niñas y niños, que encierra en sus mazmorras a centenares de niñas y niños todos los años, que asesina, tortura y expulsa de sus tierras a los palestinos sin respeto a nadie ni a nada, pero de todas estas barbaridades, la gran prensa y los grandes medios de comunicación capitalistas no darán ni dieron cuenta de nada, solo lo que les interesa. Es su silencio cómplice e hipócrita. Por todo ello, no podía dejar de dedicar un poema a Palestina, al igual que he dedicado otros poemas a otros, que, para mí, han sido grandes personajes históricos. Para terminar este pequeño prólogo me gustaría citar un pequeño poema de Bertolt Brecht: «tus penas eran mis penas, las mías, tuyas. Si no estabas tú contenta, yo no lo estaba». Nunca seremos libres plenamente hasta que no lo seamos todos.

EL AUTOR,
EN SANTIAGO DE COMPOSTELA,
A 3 DE DICIEMBRE DE 2023

CANTOS

CANTO 1

Montes de luna rota,
silencio de alambre herido
como cien caballos en precipicio
abrumados, malheridos.

Prométeme que volverás, amor mío,
a los montes del rocío,
a las flores del camino
juntos tú y yo de nuevo,
de nuevo, tú corazón junto al mío.

No temas, amor,
rosa del alba de mis días,
yo nunca marcharé de tú corazón
y tú nunca marcharás del mío.

Días de luna de plata fría,
el río ya no habla,
las risueñas flores callan.
Si no vuelves de la guerra
me convertiré en polvo de estrellas.

La tierra sedienta
abrió paso a la luna

que me anunció imperturbable
la larga noche oscura.

¡Montes de luna rota
silencio de alambre herido!
pronto voy a descansar,
amor mío,
también contigo.

CANTO 2

Mil ríos que no cesan en mis venas
coronan y mecen la estancia entera
como mil sinuosas bocas de albahaca
que exhalan palomas blancas.

Horizonte espía, bebes el latido del mar,
reluce con tu cálida estrella
y guíame por tu cambiante
y redondo cuerpo eterno.
Llévame por tu sendero de sal
a donde van, despacio,
todos los que un día se dejaron llevar
formidablemente enajenados.

Brilla el noveno planeta,
brilla entre mis huesos,
brilla, brilla, brilla
al espacio, al tiempo.
Vive el segundo que palpita,
y no pares de brillar,
brillan las lágrimas,
brillan, brillan, brillan,
brotando de tu alma,
brilla la pureza,

la tristeza
en toda su esencia,
brilla, brilla, brilla,
brilla la verdad,
brilla a cada instante
en los campos del olivar.

Sostengo en mi seno mil caballos,
mil galopes, mil auroras y no, ya no,
ya no se esparce aherrojado el tiempo a mi lado
y puedo parar en las ondas de un amor total,
ver cómo se mece en cada átomo,
cómo me revive el cosmos
y como con cada mirada abre un nuevo destino,
remoto y brillante,
sobre todo, brillante,
y sabiendo que en este preciso baile
desea no ser nada.

CANTO 3

Rosas rojas en mi boca,
sutiles efectos se esbozan,
lejanas verdades universales
me estremecen, viven del presente.

Abro mis ojos al cosmos
y la materia viva cambia,
siento la vida entera en un segundo,
me cabría dentro de mi pequeña mano.

No hace falta decir nada
si sientes el todo como tu morada
que no huye, calla
pero hace falta decirlo todo
siendo pura luz alada.

Cálida tristeza, amor que nace,
el mundo necesita lo sagrado,
necesita tu fuerza, tu brazo,
la hora ya ha llegado,
la hora del púrpura día que acaba.

Ahora que comienzo a ver,
ahora que muero vivo,

presiento estrellas que desaparecerán
lejanas de fuego, bailando.

Ahora, golpeado, aturdido,
voy andando despacio
como cien mil colibríes
llevándome en vuelo
por calles mojadas
que tú y yo,
oh, amor mío,
¿ya no pisaremos?
¿o será sólo un sueño?

CANTO 4

Vientos gélidos del norte
se posan en mí,
niebla aturdida que escampa,
escondida primavera
de mi jardín ausente
donde tus flores desaparecían
siempre.

Millares y millares de estrellas
nunca concebidas,
no puedo esperarlas,
casi ni verlas
y se van danzando,
mientras ríen y sonríen
pero vuelven.

La materia nace de la imperfección
y se disuelve en los espíritus
pero nunca llega a la eterna playa,
siempre como el trueno
que al final, oh, milagro,
estalla.

En los momentos dulces
me apego a la enérgica vida,
música en la retina de mis días
estallan vientres de resina
y me siento libre,
aunque sea por un rato,
solamente libre.

Extraños minerales de otra galaxia
han aterrizado en mis miedos,
se han levantado los temidos huracanes
y el pasado ha vuelto corriendo
atestiguando conocidos sentimientos.

Después de la tormenta solo queda desierto
para pintar como quiera la nada
donde desnudo yo, sólo yo, me guío,
como solitario pájaro al vuelo
que vuela y vive
y en las torres de mi tiempo
espero poder recordar
cómo era la lluvia.

CANTO 5

No es la rosa más bella la que reluce más,
el fuego noble nunca se apaga,
viene del alma y surca mareas y montañas.
La belleza empatiza, no le gusta ser frívola,
pero sabe lo que hay que hacer
sin desmerecer toda belleza que pueda visar
sin desmerecer ni un grano de avena
de un mundo que siente,
sobre todo, que siente.

El rastro del deseo puede penetrar la fina piel
y transformar lo frío en cálido,
lo abisal sin fondo
en suaves primaveras de mayo.
Pero guárdate de telarañas polvorientas
porque tarde o temprano
la verdadera faz despierta
cayendo en tus malheridas venas,
exhortando sueños de química sintética.

El despertar es saber, saber mirar,
estar seguro de cuando la luz entra por la ventana
y se posa en tus ojos, en tus labios, en tu frente.
El despertar es un sueño que vive

y ya no muere jamás,
es bilateral,
atraviesa tu vida y te trasciende,
los cambios solo te pueden hacer más fuerte.

Voy a hacer un puente en tu mar ausente
por si crece la marea,
por si destapas mi hueco sereno
y yo poder andar,
pero si tu ausencia es permanente
no me estorbará,
gracias a ti aprendí a ver la belleza
que ya no se irá
y puedo confrontar.

¿Qué importa si no es real la verdad?
Lo que importa es que la hayas creado tú
y te acompañe por siempre
guiándote por la oscura noche,
acariciando tus venas.
Tu verdad que no engaña,
que siente la herida,
que padece el drama
y que ama,
sobre todo, que ama.

CANTO 6

Como una canción de luna en el fondo del mar
nadaré hacia la inmensidad y bailaré,
como una palabra tuya desde el centro de la tierra
que me resuena cual oxígeno en mis venas,
recuerdo eterno del tiempo,
como un cántico que fluye desde el ocaso
me interpretaré de nuevo,
silente desierto,
como una fresca canción tuya que hace brotar mi primavera
que me sumerge de donde emerge todo lo bueno
a tu canción de luna del fondo del mar.

¿Tragaré sin pensar el deseo?

Sed de vida.

Y a ti,
hija mía,
siempre te llevaré conmigo,
estés donde estés.

CANTO 7

Navegué por oscuros océanos,
océanos que no tenían nombre.
Me perdí entre el día y la noche,
la lluvia cubría los atardeceres
que asomaban indiferentes.
Solía romper a llorar al ver las flores nevadas,
las bellas flores nevadas.

Asomé un día por el balcón,
un día de truenos,
el frío se posaba en mis huesos,
no vi sentido a los árboles
que antaño me hablaban,
las montañas eran de fuego.

La luz se acercaba,
sutil,
y asomaba por las grietas,
parecía que se posaba,
cálida,
yo esperaba.

Un rojo pájaro cantor
alentaba bellos sueños

olvidados en viejos cántaros,
viejas y verdaderas canciones
que susurraban a mi alma:
puedes dar amor,
sí, puedes dar amor.

Por los anchos trigales
volé aún sin alas
volando sin pasado
que el pasado ya nos hizo
y no queremos estancarnos
hacia las cumbres presentidas.

En los aguaceros de marzo
todo se dilató en vivo
y vieron mis ojos el cosmos
y vieron excepcionales supernovas,
crisoles esporádicos de dioses olvidados,
rápidos destellos fugaces del mañana
de catarsis y esperanzas.

Ahora andaré por el valle
sólo y feliz
porque feliz y sólo
ahora puedo estar
entre lunas metálicas,
mares quebradizos
y pálidos desiertos.
En el fondo sabes
que nunca jamás
murió mi fe en mí,

en ti, en la humanidad,
en el cosmos.

Nunca voy a claudicar.

CANTO 8

Soñar la vida bien despierta
como jilguero en la mañana
que canta por bosques,
que canta por montañas
y en efímero instante perfecto
abrazar la utopía necesaria
sin saberlo.

Porque no sé leer el futuro,
sólo sé que sueño
como sueño de suave luz,
como suaves pétalos al viento
la vida que me arde
en mi vivo pecho
que grita y grita
y presiente
el simple fuego eterno
sin saberlo.

Soñar la llama que renace
como fuente de agua fría
en recónditos y silenciosos lugares
que esconden miles malabares,
que guían y abrazan mis sentidos

en fríos e inhóspitos humedales
sin saberlo.

Soñar el cosmos abierto
como renacido fénix ceniciento
que reclama a todo un ocaso
el alma que susurra a mi cuerpo
cuando los abrazos son ciegos
dentro de mis propios desiertos
pero vedados de medidas
pero absolutos y necesarios,
sin saberlo.

Sin saber, sin consciencia,
simplemente amando
cual pájaro alza su vuelo,
amando una y otra vez,
bebiendo de golpe la vida
a cada instante en mi ser,
en nuestro ser,
en el verdadero ser,
sin saberlo.

CANTO 9

Ando calaveras desérticas
sin explicación que apacigüe mi sed.
Todo en la vida es sentir
la ira, la angustia, la voracidad,
el cielo que se cierne y nos oprime
¿para qué estamos aquí sino para sentir?
¿quién puede volverse cóndor sin alas?
¿quién puede coger las estrellas con la mano?
Siento, experimento, ¿crezco?
Cuando haya llegado a la playa
a ti, siempre te veré, como te dije una vez,
tan bella, tan sana.
Cuando haya surcado ¿las estrellas?
¿qué ser seré yo sin ser ya lo que un día creía que era?
¿puedo retener algo de mi ser en la eternidad de mi alma?
¿aprendí a oler las flores por lo menos?
¿puede la humanidad aprender a ir desnuda sin menospreciarse
a sí misma?
¿puede la humanidad despertar al amor universal y jugar con
las estrellas?
¡Rompamos las cadenas!
¡Adelante!

CANTO 10

Ojalá no sintiera todo este dolor en mi pecho
desbordado cual ráfaga de trueno en mi cerebro
pero se clava en mí y me quema
como filo de espada eterna.

Arriba las estrellas son ajenas
a un sueño olvidado,
sin esperanza y aun con dolor
he de ir a por ellas
y sin importarme si la vida espera.

Lo haré y me despojaré de todo,
solo me quedará lo verdadero, lo humano,
lo que un día sentí puro, frío o cálido, en mis manos,
¡adiós, que cien mil luciérnagas inunden mi voz!

Se transformó el dolor y se volvió Dios,
no espera ni limita, asiente y sonríe,
felizmente ¿qué sentido tiene el sufrir?

Ya no tengo miedo.

CANTO 11

¿Se podrá salvar algo de nuestro ser más íntimo
aunque sea sólo un minúsculo grano de avena?

Siento que me fui haciendo a tu lado
y a veces todavía me pierdo, moribundo,
entre instintos y fuegos descontrolados.

Si la vida es solo sueño debo estar despierto.

Tus ojos me calman, en tu humana piel yazco,
experimento tu música, conecto con tus reflexiones sin cesar
¡Qué grandeza debe ser tener un alma que se sabe inmortal!
¡Qué grandeza cuando te despojas de todos tus prejuicios!
¡Qué grandeza es renunciar del sarro social a tu lado!
¡Qué cielos surcamos como niños en busca de un tesoro!
¡Qué razón más allá de toda vileza, ignominia o temor!
El amor que nos impresiona en la orilla del presente,
el amor que devela.

CANTO 12

El milagro de la flor, del viento, del mar
el milagro de la vida que sinuosamente se va
para dejarte el sabor de un extraño sueño
¿cuán lejano será? ¿cuán lejos seré, seremos, serán?

Como un recuerdo que se esfuma en la bruma,
la primavera que un día sentimos perpetua,
navegando por suaves sedas,
duros peñascos
y libres desafíos.

Allí nos hicimos amigos, en un molino,
y nos hizo la historia con su amasijo de telas
de infinitos sueños renacidos en el enjambre del tiempo.

¿Guardaremos el viejo vino
y lo cataremos de nuevo?
¿Volveremos a inventarnos sinceros?
¿Será la vida un Big-Bang con pulsaciones de artista, libre y bello?

Adiós, muchachos, nos vemos.

CANTO 13

Quise sentir la tristeza de un sueño
volando sin alas hacia mi centro.
Adiós tristeza, adiós lluvia, carne mojada.

Quise probar la amargura de la amnesia
en tu cuerpo, que es el mío,
sin saber dónde nace la flor,
desamparado, sólo, atravesado por el tiempo.

Quise mudarme a los valles pintados de enero
y sentir espadas desangrando los campos
reales, olorosos a muerte, crepusculares.

Quise atravesar clavos en paraísos de escarcha
simplemente dibujados, desdibujados, al óleo,
vestido con subconscientes, naufragios,
viajando solo en multitud sin saberlo.

Adiós alimento degradado,
¿llegaremos al corazón de un ser no ser que será completamente
sin ataduras, sin esas sucias cuerdas viscerales que fijan el cuerpo?
¿o seremos el puente del amor que todo lo une,
que da vida, es vida
y por el cual flota todo lo demás a su regazo?

¡Qué hermoso sería verme, verte de nuevo!
¡otra vez de vuelta en los lagos profundos de tus ojos!
¡Viejo caballo, mi amigo fiel!
¡Galopa de nuevo, rápido!
atraviesa las grandes llanuras,
vuela y llévame donde el amor guíe.
¡Cómo reluce y alumbra el universo!

CANTO 14

Acariciaban las ondas invisibles las calles,
mojadas calles de luces,
reliquias de esperanzas insatisfechas
en capillas de esmeralda sinceras.
Rozaban átomos universales
los desnudos cuerpos,
los vivientes cuerpos suaves
que ya no se ahogaban en la nada
que siempre gobernara
esas malditas calles mojadas.
Esparcían los viejos árboles
la sabia que llevaba el viento,
sabia de vida sagrada
en la meta anhelada.
Se ahogaban alegres
en inocentes atardeceres
las trincheras de negras cuevas
por un despertar profundo
con silbidos de otro mundo,
de la más pura atávica ignorancia
de la más honesta anomalía
para resurgir, sobreviviendo,
en las antiguas, malditas, mojadas,
calles de luces,
olvidadas.

CANTO 15

¿Qué locura es esta en la que nadie vale?
¿Qué locura es esta en la que solo la cosa vale?
¿Quién deslumbró al mundo,
inoportuno, con todo su sarro,
en toda su inmundicia?
¿Qué ser dentellado chupó con regocijo la sangre de nuestro cerebro
hasta hacernos parecer máquinas instrumentales
cayendo por desfiladeros?
¿Dónde está la línea que separa el perturbado mimetismo
        [de la supuesta histeria?
¿Cuándo podremos volvernos a representar en este absurdo teatro social?
¿Quién guarda la oscura guadaña que corta sin medida toda raíz
y desangra las venas?
¿Quién salvará a una ciega humanidad
perseguida por su propia magia negra?
Noche, sangre, duelo, guerra, estulticia, imperio
Semen, óvulo, iris, alma, estrella.

CANTO 16

No importa el tiempo traicionero
sino lo sentido,
no importa el cielo que deslumbra
sino sus tesoros aprehendidos,
no importa la meta futura,
que es excusa,
sino los acechos del camino,
no importa la cosa que inunda
de manera inmunda,
sino quien la hace,
le deshace y le estorba.
No importa la apariencia
que no es nada,
sino el alma y sus danzas.

Importa tu mirada que anhela,
importa el reflejo que te revela,
importa la música que libera,
importa el renacer que siembra,
importa lo que nadie ve,
lo que ni se palpa ni destaca
en este mundo de mapas
pues vale más que mil escuelas,
pues vale más que mil estrellas
y al final es lo único que se busca.

CANTO 17

¿Quién sabe de la flor despojada?
¿Quién sabe del viento al amanecer?
¿Quién sabe de la luna olvidada?
¿Quién sabe de tu triste palidecer?

No esperan en las laderas del infinito
las mieles que ya nunca más duelen,
no figuran ya tus cielos aledaños
de esparto y rostro humano
en reales y materiales veranos,
mas vuelan cual pájaro encarnado
hacia ningún lugar de antaño,
hacia el verdor del dulce silencio
que toda incipiente alma abarca
como simple mar en calma
de las dolientes noches
en las que tristemente sonreías,
desolada.

¿Quién sabe del aire y sus recuerdos?
¿Quién sabe del camino por andar?
¿Quién sabe del río que no calla?
¿Quién sabe de tu impulso de soñar?
No esperan quedas e inmutables

las risueñas amapolas que quisiste oler,
no figuran ya tus ángeles guardianes
voladores y suaves
por un galope de sueños arrojados,
más se embarca con firmeza
tu inquieta esperanza
hacia puertos no descritos,
hacia el rojo corazón de tu pecho
que siente, calma y abraza
como la luna quebradiza
de las oscuras montañas
en las que tristemente sonreías
desolada.

CANTO 18

Da igual lo que digas,
ahora,
no importa lo que hagas,
ahora,
el amor no tiene límites,
créeme.
Realizaremos lo nuestro
para gloria del universo
hasta el final que escapa
y cuando seamos uno,
cuando tu corazón, el mío,
se reúnan en el cielo translúcido
y apague nuestros egos para siempre,
cuando nos penetremos físicamente
en un parto de Ser completo
de nuestras palabras saldrán luciérnagas
y totales caminaremos brillantes
cual súper nova creciente
hacia el infinito,
siempre.

CANTO 19

Camino de piedra triste,
desolados páramos de azafrán,
la luna llora de madrugada,
se van y ya no volverán más
marchando sin nada, hacia la nada,
guiados por el firmamento,
sin morada.

Cien soles anduvieron,
cien vientos escucharon,
caminando y caminando
por este vacío desierto que es la vida,
triste alma en trote gris
tristes días grises a trote
donde se escucha:
«quién pudiera descansar y revivir
en el alma del mundo
que es nuestra,
¡tan sólo vivir, no sobrevivir!
por este camino de piedra triste, vida,
por esta vida de triste piedra, andar,
y vienen los recuerdos bajo la estrella
pero la estrella es tan lejana
que se escapa como si fuera nada

y no se deja tocar».

Camino que no acaba
de niebla y fuego,
untado de sueños, primaveras y puertos
que se escapa entre los dedos,
de aroma incierto y falso cielo,
caminos infinitos
¡dad algo!, ¡tan sólo algo!,
algo en el camino,
¡tan sólo algo!, ¡dad algo!
algo en el camino,
algo con sentido,
algo en el camino,
aunque tan solo sea una esperanza.

CANTO 20

Infinito es todo
y todo es infinito
dentro tuyo y hacia afuera,
por la sangre de fuego hirviendo,
por los soleados campos de oliveras.

Vidas derivadas a las orillas del tiempo,
viejos mundos de sueños no resueltos todavía
de una larga memoria olvidada del Sur,
no agotada y preparada para la acción de la semilla,
siempre,
mientras los acechantes teatros
que se enmascaran en turbulentos pasadizos de inocencia
no conciben los desafíos de tumultuosos seres
de carne y hueso,
que sienten, que sienten el infinito en sus adentros,
que recogen los frutos de sus venas y sus cerebros
a la luz de insondables misterios
que llaman imperturbables por sus sueños
en sus ojos cicatrizados de mares y vientos.

Unas vidas se hicieron infinitas en el universo
para lo más horrendo del plateado averno
dibujado en falsas líneas de efímeros cielos,

haciéndose grandes dentro de un nebuloso corazón
que se fusiona y empuja a mariposas de helio,
despojándose de todas sus asimetrías
cuando para la nada solo eran despreciables y vomitivos miserables
y así creando los libres sueños
de un mundo de platino mucho más verdadero.

Cuando salgan de la noche y vuelvan sus ojos hacia su pecho
¿se olvidarán para siempre de cuáles fueron sus orígenes?

Canto 21

Sentir la atmósfera de tu verbo,
el verbo que te presencia
y te revela,
de tu esencia que enseña
la música olvidada,
es fuente necesaria.

Sentir tu cálida frescura cerca,
tu aliento que envuelve,
tu danzar por horas que escapan
bajo suaves mantos de alelíes
y firmes y sinceras horas
preñadas de rosas y violetas.

Es tu alma que nos engancha
al sol y a los planetas,
al jardín que cultivas
si respiramos tu hermoso perfume
que esparce vida y nada más,
que es vida más allá
de todo preciso lugar.

Paloma mensajera,
frutos en tu sonrisa

te develan,
en tus ojos agua clara,
en tu vientre mil flores cada día
resurge el alma olvidada
al ver tu presencia que llena,
al ver tu milagro que desencadena
empuja y camina.

CANTO 22

¿Dónde yace tu libertad?
En los aguaceros de mayo
tu pálido rostro se vuelve lánguido,
cuando regrese de este largo y extraño viaje
te regalaré las más sinceras de mis sonrisas.

¿Dónde llegará tu libertad?
Porque dijiste no a las cacareadas mieles
mientras andaban disolutos fuegos abismales
se volvieron estrellas tus pálidos ojos,
¡estabas tan leve!
Escucha,
nos volveremos a ver a la vuelta
y ya no seremos los mismos.

¿Dónde canta tu libertad?
Puedo partirme y herirme,
encontrar incertidumbres, magias y deseos,
hacerme uno con todo lo que alcanzo,
aun así, no podría sentirte,
sentirnos,
los dos en línea circular sin pasado
rodeándonos una bruma de amor
a cada voz, a cada paso,
¡vivos!

¿Dónde bailará tu libertad?
Cuando estallen crepúsculos sutiles
en la hora de la sincera conciencia
con suaves vientos que nos amanecen
y nos llevan a la luz
donde descansa el tiempo,
¡Oh!, nos veremos
desechos para la ocasión
como quien vacía el vino añejo
y rellena con nuevo,
sin poder pensar separados,
transmutados y transfigurados,
volveremos a ser felices.

CANTO 23

¿Navegamos soles inevitables
en las tierras del tiempo
o azuzamos las más naturales brasas
que nos arden por dentro?
Guardemos o no la cosecha en nuestra alma,
lo que sé es que la tierra,
viva,
me palpita en extremo.
Un día encontré una estrella
en mi interior congelado
pero rápido se desvaneció
como en sueños de heno
y ya no estoy seguro de haberla visto nunca
ni tan siquiera que de verdad exista,
tal vez fuera dulce melodía
que se escapa con el viento
dejando vacíos mis dedos.

¿Te revelarás algún día
en este extraordinario delirio
o tendré que hacerte como quien siente
y siente y siente
hasta llegar nunca jamás a verte?
Mis alforjas ya volaron,

al lado del río que sueña
me haré de nuevo,
tranquilo,
entre luces, olvidos
y estos ríos,
desconozco el destino,
si guardaré la forma
o conservaré tan siquiera un recuerdo,
seguramente el amor dormite en los valles.

¿A qué tanto dolor derramado,
tanta falsedad, tanta miseria?,
si no nos encontramos
ni nos besamos
¡de qué nos sirve la vida!
Tal vez podamos crear un nuevo mundo
entre campos de trigo,
montañas de olvidos
y mares infinitos,
espero que así sea
tarde o temprano,
aunque no sea perfecto,
si algo ha de tener sentido.

CANTO 24

¿Hasta dónde llega el vuelo
de mil pájaros relegados
al más duro desierto?
¿Llegaría a los confines
de los confines
en un suspiro eterno?
¿Puedo atravesar ríos,
montañas lejanas
y besar mil puertos
sin sentir tu voz que me alienta
en mis adentros?
Sabios vientos,
guiarme hacia la libertad
como brújula de mariposas
que corren por mis huesos,
guiarme hacia los tesoros prohibidos
escondidos detrás de mágicas puertas
que necesitan abrirse
y que están por descubrir.
Ya presiento los violentos huracanes
que arrollarán toda vieja conciencia
y transmutándose en revolución
dejarán un nuevo olor
como el agua en primavera.

Cógeme de la mano,
recorreremos toda la playa,
el horizonte se sincera,
nos acarician las estrellas,
el amor significa darlo todo
¿recuerdas?
Bañémonos desnudos en las frías aguas,
las palabras correrán por nuestras venas
como cantos de sirenas totales
y concluiremos por nuestra gloria
con un eterno abrazo.

CANTO 25

Estelas surcan los cielos de verano,
fulgurantes estrellas se apoderan de mi cuerpo,
renacen y renacen
sin tiempo para llevarme a otro tiempo,
el sabor a pino y a mar se funden
en la infinitud del Ser que sobresale,
que lo inunda todo como llama viva
pura y meridiana por las noches
inquieta y traviesa por el día
y en las hamacas de lino se mece tu voz,
se mezcla en la transparencia del alma sagrada
que se desnuda pacífica
mientras las ondas vienen y van
como barcas sobre la mar,
sobre la infinita mar.

Ese sutil destello que noto dentro mía,
sutil aroma que viaja por toda la galaxia
aun y entre tormentas que vacían las almas
aun y entre infinitudes donde nada se halla
¿Podría retenerte
sin tener la flor de la vida
o la semilla que todo lo vuela
para empezar y empezar de nuevo

por estas playas,
por estas laderas?

Si tras la muerte no me sorprendo
será, tal vez, porque comprendo,
si con la fría llegada del invierno no siento,
será, tal vez, porque ya soñé más que despierto,
así que procuraré vivir,
sólo vivir, ¡nada más que vivir!,
entre infinitudes y galopes,
por trigos y olivares
con tus manos y tus ojos
que ya sabrás
son los míos del revés.

Te presiento en mí
cual mi propio corazón
y por muy solemne que sea toda tu razón
jamás verá nadie nada igual
unidos tú y yo
sin fin, sin dolor,
en medio de la infinitud
de la presencia de Dios
con la muerte de invitada
en una hora marcada
a fuego
con la luna por testigo.

CANTO 26

Una fina puerta entre dos mundos abrí,
uno, que salía de mis entrañas
me llamaba amigable
pero el otro,
que quería volar y volar, solamente volar,
estaba enfermo de tristeza
por injusticias que veían mis ojos
mientras algunos parásitos presumían de conciencia.

¿De qué sirve la lluvia si no cae en tierra seca?

Cometas que franquean soles y planetas,
rojos atardeceres, pueblos que duermen,
silencios de espinas que claman y lloran,
¿qué sentido tienen las órbitas,
los millones y millones de años,
de estrellas, de vidas
cuando en los silencios se clavan
indiferentes
las espinas
en tus ojos,
en los ojos de este planeta?

¿De qué sirve la lluvia ni no cae en tierra seca?

Árboles plantados en lo alto del Olimpo,
trigos que crecen sin ser vistos,
trabajo, sudor, canciones y vino
pero ¿acaso estamos unidos?
¿Quién ha visto al sirviente morir
entre cuchillos de plata?
Lo vieron, sí, y lo enterraron
pero continuaron sin cambios ni agobios y con olvidos
hasta ver morir al siguiente extraño sin nombre
porque los extraños nunca tienen nombre.

¿De qué sirve la lluvia si no cae en tierra seca?

Un día soñé que viajaba por el cosmos,
que llevaba el control de cada segundo
y no hacía nada que no quisiera,
todo lo podía, todo me satisfacía,
pero de pronto comprendí que estaba sólo
en un inmenso cosmos,
en un inmenso absurdo
¿Qué sentido tiene mi libertad si tú no la tienes?

¿De qué sirve la lluvia si no cae en tierra seca?

CANTO 27

No te escapes risueña flor
que mis dedos quieren bailar,
no te escondas mi semilla de azahar
que mis dedos te han de tocar,
necesito que crezcas y me enseñes tu color
en estos verdes campos abiertos que sueño
donde no caben malas hierbas
ni existen casas hechas
por dueños que, con cadenas, las yerman.

Así, bailemos desnudos
al aire, al viento y a la sal
que nos vibran con sus voces y su aliento
que extienden nuestros brazos, nuestros cuerpos.
Seremos todos uno,
lo sé, sin máscaras,
sin normas ni escudos,
como niños jugando en la plaza,
como blancas palomas de mar
que sencillamente vienen y van.

Pero no me obligues,
dame tu mano
en esta fría noche,

con eso me basta,
nadaré en tus ojos llenos de amor,
me esconderé con tu silencio,
me abriré en tu voz
pero no me pidas que calle al sol,
jamás apagues mi sueño,
nunca mi flor.

Vayamos a la fiesta de los locos,
me sé de memoria lo que hacen los otros,
sígueme y corre conmigo,
tócame, siempre tócame,
nos abriremos paso a pesar de todo,
sólo cuenta el corazón que cobijamos,
el resto es barro, puro y simple barro,
así que no tengas miedo cuando vayamos ligeros,
es por aquí, ya lo huelo,
¡son los locos!, ¡los puros locos cuerdos!

CANTO 28

Cambia la luna,
cambia el mar,
cambio yo,
en este lodazal.
Vuelan los pájaros felices,
cantan los grillos las noches de verano,
soy feliz aquí o allá,
o en el lugar que sea
de este sucio lodazal.
No se detiene el viento ante nada,
no paran en su empeño las hormigas,
no pararé yo tampoco
empujado por la brisa
sin saciar mis anhelos
que miran con asombro
este inmundo lodazal.
La tierra se viste de árboles desnudos,
solo quiere agua para existir
al igual que mi querer
solo necesita vivir.
Ayer vacié la arena de mis bolsillos,
necesito muy poco
en este abundante lodazal.
Vuela el bailarín en su danza,

fluye resuelta el agua que no para,
cobran vida mis extremidades al aire
que se escapa, siempre se escapa
como si no fuera de este mundo
de este dudoso lodazal.
La sabiduría de un grano de arena
es similar a la de una estrella,
del silencio que me cobija y me conforta
intuyo lejanos cometas,
arco iris que me atraviesan
en este siniestro,
oscuro
e imperfecto lodazal
en donde me tocó vivir,
sufrir,
ser feliz,
morir.

CANTO 29

Me acuerdo de tu mirada,
toda tu esplendorosa inocencia,
¡que belleza escondías tras de ti!,
¡toda tu imperfección resplandecía!
Cuando no esperábamos nada
pero intentábamos comprender todo
¡me dabas tanto amor!,
era imposible no devolverlo,
imposible escapar con el viento.

La verdad florece del corazón
de la inocente vida,
no de la razón
que embauca
y lógicamente encandila,
y nuestros pensamientos,
palabras y hechos
sedimentan en dura roca
que no quema,
verdadera, honesta,
siempre honesta, a pesar de todo.

El tiempo se esfumaba
y nos sentíamos vivos, atentos,

inmediatamente conciliadores,
absortos del mundo y sus raíces,
de las huellas y sus rastros,
pero nunca pensamos
dejar nuestras semillas
en esta sufridora tierra
y sí expandirnos
como olivo al universo
en unión natural.

Así, anduvimos nuevas incertidumbres,
nuevos mares de aguas diversas
y en círculos concéntricos
nos fuimos haciendo,
agotando, sufriendo, liberando,
en este rasante vuelo,
cambiando, siempre cambiando,
donde translúcido se guarda el misterio.
¡Quién lo surcara en vuelo eterno
y se hiciera uno con su verbo!

CANTO 30

Estrella mañanera
de cantos y alboradas
que me levanta,
vislumbra,
engancha,
la vida me espera,
el tiempo apremia,
no quisiera negarlo
con adormecidos egos,
soles que lloran y lloran
y pasan y pasan
hasta que mueren.

Rocíos de invierno
de campos y sueños
que abrazan mi alma,
la confortan
tocándola
y la vida consiente,
paciente,
la estrella naciente,
no puedo detenerme
ahora
que la luna es mía

y corre y corre por mis venas
floreciendo memorias
que antaño se hicieron a fuego
hasta que mueren.

Vientos de levante
de sonrisa y desparpajo
que me llevan,
sutiles,
cada día sin tregua
a una vida que desnuda
me sobrepasa,
lejana,
por eso no puedo ni quiero
encerrarla en ciénagas
sino besarla,
tocarla,
encendiendo la llama
que regenera y ensancha
hasta transmutarla.

CANTO 31

¿Qué pálpitos son estos
que me atraviesan por dentro?
¿Qué verdad se puede sacar de este frío
que me abraza en esta tierra perdida
de barro sufrido?
¿Fue solo una locura pasajera
en un cosmos eterno
o es necesario este viento adherido
para cribar el grano y hacerlo mío?

La oposición necesaria
besa la imperfección,
el movimiento trasmitido
por los dos lados de la balanza,
la imperfección que riega el fruto,
la imperfección necesaria.
Sin ella seríamos como ciegos felices
a la espera en una cueva
que no comprende la esencia que mana,
el infinito
o la perfecta mirada.

¿Por qué los desiertos que anduvimos
sin origen ni destino?,

los silencios largos, las vueltas atrás, lo lejano...
Tal vez sea un sentimiento fatal
en un mundo que aparece olvidado
o tal vez sea solo un sueño que se escapa
como niebla a cada paso
escuchando voces tristes.

¿Serán posibles infinitas flores
saciando nuestra alma a cada instante
como jardín nuevo
que renovado siempre anhela?
¿Será el deseo siempre fuente viva,
andando o parado,
en los valles,
en los campos,
en los mares ya navegados?
Cuando nos amamos
todo se vuelve perfecto,
el susurro de un mar infinito
se une a nuestro centro,
que es mucho más que un punto medio,
es la vida desplegada de un amor radical
que siempre nos llama.

Por eso siempre sonreiremos
navegando o estando quedos
pues todo cambia
dentro de un mar en movimiento
que todo sustenta
y cantaremos bellas canciones
aun cuando éstas sean solo un sueño.

CANTO 32

No es eterno el aroma de la flor
que se desvanece hacia un lejano recuerdo
pero quedarán siempre nuevos aromas
que nos puede traer el viento.

No es eterno el profundo océano
que se volatiliza en recónditas sustancias
pero encontraremos nuevas aguas
traídas por lluvias de esencias primas.

Pocas cosas son eternas en la eternidad,
tan solo un fuego que nunca debe apagar,
aires mensajeros que no pueden cesar,
vírgenes océanos que deben desbordar,
originales aromas que nos penetrarán.

Si el sentido es sentir tu amor en mí,
experimentar el bien, al igual que el mal y el sufrir,
si el sentido es vivir lo que un día escapará
volando hacia el infinito en total libertad
no podré encontrarme
ni vacío llenarme,
tal vez esperar, solo esperar
con tu bien, sí,

pero como línea de papel mojado
que se esfuma y no volverá.

Pero acaso haya otro sentido
con tu alma en la mía
con el que poder encontrarme, llenarme,
como un acto necesario
no prestado ni manipulado,
un sentido total que atraviese la vida,
una unión metafísica
más allá de todo amor,
dolor, emoción,
una muerte que no se despide
sino que acaba lo que ha comenzado,
una vida que no solo ríe o llora,
un fruto guardado,
un verdadero sentido
para poder hacerlo tuyo y mío.

CANTO 33

Todo en la vida se acaba,
se acaba la alborada, pero renace,
se acaba la estrella, pero siembra,
se acaba tu mirada, pero inquieta, mueve.
Y sólo queda como mar que sostiene
una especie de ilusión que trasmuta
todo lo que acontece en nuestros corazones.

Y vino el tiempo a formar despacio
todo lo que la materia compone,
tal vez sea solo un leve sueño,
un vapor que flota con el viento,
una incógnita por desvelar
que llama y se esparce
como el agua en invierno.

Y nace y nace como fruto lo nuevo
que lento, pero sin cesar, nos va componiendo
y nos lleva a donde ni podemos presentir
aunque adivino imágenes vivas
que sublima mis cánticos de raíz
como antaño buscábamos el fuego,
como pieza adorable,
y gozábamos con su presencia

que nos compuso y nos llevó hasta aquí.

¡Y cuántos mundos, cuántos soles, cuántas vidas!
¡Y cuántos deseos, cuántos sueños, cuántos corazones!
Y todos se acaban y todos renacen
en un fluir que se desvanece
que ya ni siquiera sé si es real
ni el sentido que tiene
al no poder abarcar todo el continente,
al no poder desembocar claramente
en un río naciente.
¡Adiós!,
es menester que actué la muerte
para que la vida fluya, viva y se sustente.

(A Para Siempre)

CANTO 34

¿Por qué esta luz que ciega
directamente a los ojos?
¿Por qué escombros olvidados
de perfectos sueños orillados?
¿Por qué la trágica hora
que desvaría todo un destino?
¿Acaso sacamos algo invirtiendo nuestro ser,
que no volverá nunca más a ser?

En el inmenso mar me vi solo,
sintiendo,
en el quebradizo monte la noche me perdió,
sintiendo,
en las infinitas llanuras voló mi sueño,
sintiendo,
y así todo este sentir penetra en mí
que no comprendo,
ni fraguo,
sólo sé que estoy vivo,
en una imperfecta gravidez,
en un resbaladizo mundo incomprendido
y que se burla de cuando en vez.

Pero el silencio, ¡oh, el silencio!,
me susurra y, mágicamente, mil cruces,
dispersas e inconexas, se juntan,
dando luz a las grietas
por donde todo se abre
y comienza a romper hacia lo nuevo
como guías de propósitos con sentido
que sólo con amor despiertan,
como si al final el amor
fuera algo necesario,
causante de este mundo imperfecto
de diversas melodías que siempre penetran.

Ensanchando los caminos
no me verás cambiar,
no más que lo necesario
para comprender, para amar,
y si al final piensas que ya no soy yo
no es que haya cambiado
es que vuelvo a ser el que era,
solamente fue un pequeño rato.

Al final, te he de decir,
que amo a la vida.

CANTO 35

Aunque no te lo parezca
sigo siendo el mismo
a pesar de este mundo
que se guía por la nada,
hacia la nada,
como si lo fuera todo,
en un somnífero murmullo,
entre efímeros sustratos.

Hay personas, muchas personas,
que se jactan de su propia futilidad
y no saben cuan fondo es el espacio
lleno de estrellas a las que admirar
y piensan que en su corto ver
cabe la verdadera felicidad
pero no es más que necedad,
necedad falaz.

Y te digo que no cambié
aunque me veas llorar,
sigo sonriendo a la luna
y amando a la mar,
lo único que pasa
es que mi piel se duele

y ya sabes que prefiero soñar
antes que abandonarlo todo por mí,
por el simple placer de estar,
aquí,
a la vera de este maravilloso extremo,
de la mar, de la infinita mar.

Así pues, como sigo siendo el mismo
puedes acogerme sin temor,
yo te daré la flor, la verdadera flor,
sin pedirte nada,
sin molestarme por nada
aunque tenga motivos
pues ya sabes que te amo
y, por tanto, olvido.

Mientras el mundo avanzará
por montañas de escombros,
por rocas que se han de derrumbar
en el olvido de la nada
y volverán a nacer flores
que tal vez, vuelvan a enfangarse,
en esta rueda sin fin,
hasta que se pare la rueda
y nos veamos todos en ella
como lo que somos,
como puro polvo de estrellas.

CANTO 36

Escuchar tus sentimientos
no es simplemente soñar,
es estar, aquí y ahora,
siempre, sin ir más allá.
Escucharte
con tu sola voz
que no sé por qué
rocía mi corazón
es andar bellos recuerdos
de intensa melodía
viajando lejos mi alma
hacia lugares donde se rememoran
las rosas y los lirios.
Y no acierto a comprender
este milagro
de verbo cimentado
mientras solo siento
como penetra
en lo más hondo del espacio.
Dirás que exagero
pero sólo escucharte quiero
y si fuera tan solo por tu voz
ya por ti yo me muevo
como causa de amor.

Y sueño que vuelo
a ras de la mar
de noche, arriba y abajo,
como liviano Peter Pan,
hacia mi cálido centro,
hacia mi olvidado ser,
tan solo por escucharte
como mágica obra de arte,
y siempre será así
pues más que nada
es tu voz,
es tu voz que siempre quiero escuchar
como el sonido de la eterna mar.
¡Y suerte tengo
pues sólo escucharte,
de momento,
en estas horas perdidas
quiero!

CANTO 37

Me alimenta el viento lleno de sed,
sutil el amor desplaza la materia que guía,
me basta la memoria de estrellas
que de altas cumbres se imaginaron
para desbaratar demonios
que nos asaltan con engaños,
y no flaqueo caído en el fango
y a ti, hermano, no te olvido.

Se remedia el vino derramado con más racimos,
con más grandes soplos que alientan, que reverdecen,
no es sencillo forjar el hierro que escapa
mas puedes confiar en tus huesos
que potencialmente escampan,
y no, no pienso desfallecer nunca,
y a ti, hermana, no te olvido.

La vida se apresta por todos los poros de tu piel,
mil gaviotas carroñan a lo lejos, salvo una que vuela,
plácida es la luz que transparenta lo ganado,
no más la ven los que la sienten como revuela,
los que construyen altos andamios para futuros largos,
nunca efímeras melodías sobre pies de barro
y no debe decaer nunca mi mente
y a ti, hija mía, no te olvido.

CANTO 38

Nunca busqué utilidades en la belleza
pero no comprendo los caminos de piedras
ni la fragilidad que nos atraviesa,
tal vez hubiéramos podido despertar
en nuestro propio destino perfecto
pero nos hubiéramos quedado, silentes,
sin sentir el camino
aunque maltrecho nos de miedo.

Si algún día llegáramos a construir un lugar
donde nadie llorara para que otros rieran,
un lugar donde por fin tendría sentido celebrar
hasta llegar al fondo de la materia oscura,
revelando, nuestro entendimiento,
la más pura simiente pensada
y tejidos por dentro cual noble roble perfecto
¿podríamos seguir preguntándonos,
mientras estremecidos añoramos,
por lejanas auroras del mañana
que, tal vez, escondidas, se nos escapan?

¿Podría ser nuestro arte,
absolutamente individual, libre, brutal,
sin vestigios, brotando en la callada noche,

dando vida a la vida?
¿Podremos sentir la totalidad
que nos abarca
en un abrazo
suspirando tranquilos
por un cosmos nuevo y envolvente,
inalienable,
siempre desconocido?

Todavía hay mucho vacío que llenar,
muchas uvas que ganar
y atardeceres que estallarán
mientras vuelan pájaros y nos dan lecciones,
mientras florecen puntuales al llamado las plantas
y revocan tanta prosa barata
con una sola mirada.
¿¡Sabéis cuántas estrellas hay en el cosmos
en un inmenso espacio vacío!?
Y, sin embargo, qué poco espacio se necesita
para abrazar lo más amado,
andar lo más preciado,
seguir el camino de tus ojos
de tus bellos ojos pálidos.

CANTO 39

¿Cómo no vamos a ir hacia la eternidad
en beso infinito
como si no existiera el mañana
que siempre alumbra algo distinto?
¿Cómo no desbordar la fuente
del agua clara absoluta
que nunca para de brotar
hacia mil días de esperanza real?

No se puede encerrar la libertad
en monótona presencia,
no se puede asir la esencia
de los que hemos de estallar
en mil pedazos, mil lugares,
creando y creando
con nuestro arte inalienable
en días sin fin de vidas incontables.

Por eso no veo otra alternativa
que la unión total
que nos dote de sentido,
nunca de olvido,
siempre unidos,
como las ramas y el tronco,

como el tronco y las raíces,
para poder navegar los mares
que se antojan quebradizos
y que sin duda necesitan
de todo nuestro empeño,
de todo nuestro deseo
y poder así alcanzar los cielos
para jamás parar,
para nunca ponerse a descansar.

Y si no fuera así
¿cómo podríamos, tranquilos,
comprender nuestros lazos de siglos,
tejer y destejer memorias
que no cayeran en el olvido?
No quememos nuestra historia
al fuego de la desmemoria,
no reiniciemos caprichosos
lo que en un círculo vicioso
nos lleva a la derrota
y avancemos sin pausa,
pasado, presente y futuro,
se unen
para entroncar hacia el camino
de la más pura verdad.

CANTO 40

No buscan los astros andanzas
sino que al trasladarse las arrullan,
no busca el sol a la luna,
sino que al despertar la alumbra.

No corre el tiempo tras su deseo
sino que pausado lo va tejiendo,
no corre la naturaleza en su seno
sino que vivaz lo transluce.

No recelan las aves en su vuelo
sino que al volar nace un parto nuevo,
no temen los caballeros andantes por el mañana
sino que se guardan de él con su fila espada.

No duelen las canciones no cantadas
sino que calladas, dulcemente aguardan,
no duelen las perdidas sinfonías
sino que para el eterno encuentro se preparan.

CANTO 41

Sórdidos temores
en la penumbra de la noche,
viejas contingencias
que desangran la estela.
No puedo deshacerme de la carne
y es lo único que tengo.

Pero es el mañana que se abre
que me hace sentir diferente
y se apagan las vísceras
aunque no desaparezcan
y se estremece,
el mundo se estremece.

No es nada todo lo que ves,
créeme, no es nada, solo polvo
que se ha hecho dueño de los ojos
de los que no saben ver,
que ha penetrado con engaños
y ahora se piensa que es algo
pero no es nada,
solo colores, formas, recuerdos vanos
que se antojan verdades
y no son más que falsedades.

Pero revelaré un alma llena,
un alma soterrada
que anhela a un Dios que ama,
un alma que siempre aguarda
y sabe separar lo bueno de la paja
¡Que se queme toda la paja,
que se queme en la gran hoguera
de la nada,
de la maldita nada!
¡Que se queme lo que resta
y solo traza
vanidades, formalidades, atrocidades,
que no es nada, nada es nada!
¡óyeme!
¡sólo tú, sólo tú!

CANTO 42

Mariposas vuelan por los cerros,
atrás quedó la casa y aposentos,
el asno calla y anda,
viejos árboles nos abrazan
con las sombras que regalan,
los sueños nos acompañan
y abre caminos la esperanza.

La tierra es regada con sudor
(alguna vez con alguna lágrima),
el silbido del cabrero se escuchó
en lo alto de la montaña,
su bello canto ha de brotar
de la oscuridad de su alma,
su sueño también lo ha de acompañar
por veredas, peñascos y montañas.

Ya Venus anuncia la marcha,
el asno calla y da la vuelta,
estrellas que adornáis mi casa
acompañarme a mi morada,
estrellas que mi vida dais
os prometo que mi alma,
con efímeras cosas fútiles

y rastreras artimañas,
nunca será enajenada.

La casa huele a hierba seca,
hierba que nos da la vida,
el asno calla y duerme
y el día satisfecho repara,
es el eterno ciclo vital
que silente teje los sueños
que en la noche oscura
larga
descansan.

(Canto vital)

CANTO 43

¿Para qué la vida?,
¿por qué este sucio barro
que nos envuelve y nos hace daño?,
¿por qué el pájaro que vuela
dejando las cadenas hacia la nada?,
¿por qué almas tenues
que fracasan y luego se duelen?,
¿por qué este limitado tiempo
en un espacio infinito?,
¿hacia dónde podremos llegar
mirándonos sólo a nosotros mismos?,
¿hacia dónde queremos ir
si lo que anhelamos es descubrir?,
¿podremos algún día encontrarnos
a nosotros mismos, en esta efímera vida
y así poder reelaborarnos?,
¿tiene explicación todo lo dado
o simplemente se desvanece
como luz que sale del rayo?

CANTO 44

Todo cambia, se adapta,
a veces perfecciona.
¿No es la mirada ya un milagro?
La luz soslayó la noche,
la oscura noche,
su esencia que dio vida
a toda materia que se mezcló
y nos engendró.
Perdidos, ¿seremos capaces
de salir del mar cósmico
para volver con la luz
a empezar de nuevo?
¿Completaremos el Ser
dejando sin sentido al eterno retorno
cerrando las puertas
del ciclo beneficioso que nos empuja
a ser nosotros
para abrir las puertas del alma?
Sea como sea, seamos ahora,
la vida nos llama
y nos ha de caber en la palma de la mano
porque su sentido es la vida misma
y si tú no te escondes ni nadie se esconde
¿por qué no nos pulsamos?

¡Salgamos con nuestro corazón a fuera
que la vida somos todos
y todos tenemos que cogerla!

CANTO 45

No infieras la íntegra sustancia,
así no sacarás nada,
no te aferres al polvo
que no es nada,
que se desvanece hacia la nada
y engaña
y la imperfección no es nada
y ya sabes, la nada es nada
y el Ser
es
y como es
ya no cambia.

No se agota nunca la luz
que mana
que alumbra besos,
miradas,
mientras la materia cambia,
se despoja
y se desangra
como en un sueño cierto
que acunan ángeles
en el viento
mientras todo cambia,

cambios que te hacen
y que ya no se enredan en tu cabello
muerto.

No desprecies la noble sustancia,
la vida solo se palpa
y sin su palpar no habría nada
ni tú ni nadie
pues a todo cala,
ahora bien,
no guardes en tu alma
a una materia corrompida,
la fragilidad de la vida
es parte de ella misma,
por eso vive su sangre
y su fluir
y si puedes,
¿no me digas que no puedes?,
besa, sigue, atrapa,
a la luz que siempre
siempre permanece
y vuela.

CANTO 46

Vuelan alto pájaros
que a lo lejos desaparecen,
suaves nubes
lentamente huyen,
se logran grandes metas
que se vuelven insignificantes,
se viven grandes momentos
que ya no vuelven,
¿para qué? ¿por qué?
Si tan siquiera pudiera buscar
entre tus brazos la esperanza
que se escapa con el viento,
con el frío que me desfallece
y borra todo un mundo
que ahora
no tiene sentido.

¿Pues qué sentido tiene
toda esta cotidianidad
cuando millones y millones
son despojados de todos sus sueños,
arrojados al fuego,
sin haberse podido ni tan siquiera levantar?
¿Para qué buscar nada si todo es nada,

para qué buscar la efímera sustancia
si en la oscuridad de la noche
todo se acaba?
¿Acaso no todos tenemos sueños?
¿Quién nos hizo creer lo que no somos?
¿Pensáis que solo nos movemos
al son del titiritero?
¿Pensáis que solo queremos tocar fauces
que desaparecerán,
que están vacías por dentro?

Si tan siquiera pudiera retener
lo que nunca se ve
en mi interior,
entre tus brazos,
lo eterno que siempre vuelve...
tan solo pido
en la oscura noche
que lo que me deparen las ambiguas horas
sea entre tus brazos.

CANTO 47

La libertad se esconde en tu interior,
allí sueña sueños que sueñan los soñadores.
La libertad se puede escribir
en una hoja de papel
y también se puede ver
en el viento que mueve
esa hoja de papel.

La libertad recorre la luz,
la luz de tus principios
y es a ella a quien adoramos
como sangre que fluye
cuando las circunstancias traslucen
y se van.

Y no tengas prisa ni te pares,
muchas presunciones son niebla,
coge la vida
y bébela saboreando
pues si vives esperando
te entumeces
y yaces.

Levántate,
que el tiempo se desvanece
y no es absoluto (ya lo dijo Einstein),
que no, que no,
que no te atrape
con su bruma,
siempre llama a la puerta
cuando olvidamos que existen
las rosas del alba.
Adelante, ahora,
en este instante,
siempre con lo dado,
siempre iluminando,
tu libertad es antorcha,
que guía y espera,
no desfallezcas
que no hay nada más
solo humo, humo, humo,
adelante, siempre,
coge la vida,
cógela, bésala, siéntela,
este es el momento,
el canto del mañana
que se abre,
¡cojámoslo!,
¡el tiempo ha llegado!,
¡ahora o nunca!

CANTO 48

Salgamos fuera, a la montaña,
respiremos los árboles, el sol, la madrugada.
Todo es tan imperfectamente bello
en movimiento
pero sin embargo en movimiento…
como si todo fuera hacia el encuentro
de la compresión que arde
y llama con amor
que todo lo mueve,
tal vez sea la perfección
una completa autoconciencia redonda,
un infinito amor.

¿Hay destino?,
¿no vendrá éste con la libertad
que nos guíe al conocimiento
del conocimiento al error
del error a la autoconciencia
y por último al amor?,
¿Y después?,
¿No será lo perfecto
un amor infinito
que crea su arte
y es capaz de crear su yo?

O tal vez no haya futuro,
o sí, y superemos el tiempo
que nos envuelve violento
en su profundo espacio.

¿Qué es lo que todo lo mueve?,
¿qué es lo que da vida al sol,
a las estrellas, a tu corazón?,
¿tiene sentido la vida si no hay amor?,
¿si no darías tu vida, a cada instante,
a cada segundo, a cada encuentro?,
Es un autoengaño vivir solo contento,
yo quiero vivir muriendo
siempre al borde del abismo,
al borde de unos ojos milagrosos
de un imperfecto milagro diario
y sentir la energía que todo lo mueve
y que renace integral
por las venas de la vida
derrumbando torres y muros
en un constante arroyo
de amor por el mundo.

CANTO 49

Un sueño que está despierto
o tal vez la belleza que no engaña,
tal vez Dios sea cierto,
y tal vez en una rosa
pueda encontrar el mañana.

¿Quién inventó la magia?
¿Quién inventó la música
que desde tu voz llega?

Tus susurros no los sé
pero si los supiera
todo mi amor se volcaría en ellos
como fraga del viento que mece,
como otoño que pare el invierno.

Tampoco sé tus sueños
pero intuyo tu corazón
que, seguro, no está lejos del mío
aunque parezca increíble
todos estamos hechos
con el mismo hilo.

Y me pregunto,
a qué viene esta materia imperfecta
de la cual está hecha el mundo
porque tú eres perfecta para mí
y aunque me contradigan
sé que solo puedo florecer
cuando te miro así.

Y no sé qué estrella te guía,
yo tampoco sé la mía
pero aun desconocida
te guardaré en los mares
que, aunque no navegue
siempre podrán evocarte.

Y pareceré arrogante,
¿quién soy yo?,
pero si me precisaras
como yo a ti
para adentrarnos,
inexorables,
dulces,
por vientos y senderos
de vida,
que es lo mismo que el amor,
podría ser que el mañana,
escondido tras las verdes cañas,
lo creáramos los dos.

CANTO 50

El amor es un milagro,
no se sabe cómo nace,
qué procura y seduce
y siendo el mañana
parece de antaño.
La verdad es que no entiendo,
no sé lo que es un milagro,
algo que no puedo explicar,
que se deposita en mí,
que me transforma
y transforma todo,
creando una nueva realidad
suba o baje la marea.
¿O será que simplemente devela
las cosas tal y como son?
¿Será que miramos ciegos
y perdidos sin amor?

Sí, el amor es un milagro
¿pero acaso no es un milagro la vida?,
¿no es acaso un milagro
que tras miles de millones de años
de un polvo de estrellas
hayas nacido tú

cantando pura poesía?
¿No es un milagro ya la memoria, la libertad?
¿Y no será el milagro de la vida
el triunfo del amor?

Todo cambia en esta vida,
en este milagro,
las cualidades, formas, cantidades,
todo desaparece y vuelve a nacer,
sin embargo, hay algo que todo sostiene,
como si todo flotara sobre la mar
y ahora, aturdido y solo,
puedo entender que no es más
que el sagrado hecho de amar.

El amor enciende la vela,
revive cálido el origen,
hace correr años luz
en un segundo
tan solo para ver(te),
sumergirse en la voz,
en la presencia
del verbo,
como viva flor,
sol que vuelve,
verdad que abraza
y esperanza realizada.
¡Todo lo puede el amor
y, sin embargo,
obstinados,
no lo apreciamos!

REVOLUCIONES

REVOLUCIÓN 1

La libertad del árbol está determinada
por unos principios firmes y seguros,
según Aristóteles,
el árbol, teleológicamente, los acoge en su seno
y crece confiado
a pesar de las circunstancias dadas
mientras el viento lo acuna
y lo arrulla la madrugada.
Fue el bosque quien determinó sus principios
y no el árbol quien hizo al bosque
porque no es el árbol el que da forma a los bosques,
sino los bosques los que dan vida a los árboles
Pero ¿y las sociedades?
¿A qué bailan las sociedades si se pierden en la oscura noche?
Son anonadadas, rajadas y controladas
por personificaciones del mugriento capital
que, con sus múltiples antenas,
instituciones e infinita saciedad,
engañan y matan,
seducen nuestro cerebro,
lo moldean y omiten.

Y hasta que no desaparezcan
de una vez por siempre

en esta hora decadente
las clases sociales,
siempre habrá quien controle
sutilmente,
con disfraces demócratas,
las frágiles mentes
pues sin comunicación sincera,
de iguales,
unidos,
en la tierra compartida
por una nueva meta,
con una nueva visión
totalmente opuesta,
aunque en el mismo planeta
y las mismas estrellas,
no podremos ser libres
ni en esta hora,
ni con esta,
supuesta,
bandera.

REVOLUCIÓN 2

La pálida luna clamaba en su dorada puerta
a quien no la quiso, pobre luna, nunca abierta.
La miraba ausente, entre algodones somníferos,
mientras escuchaba metálico
un fluido de nenúfares al vuelo.

Nunca la vio, siempre anduvo muy por el camino,
por el estrecho y mugriento camino,
y no la vio por los verdes campos,
nunca por campos de olivos.

Él no hizo el camino,
lo hicieron por él
pero lo bebió de un trago
y tú, luna de albahaca,
llorabas y llorabas trigos y escarchas.

No te preocupes luna desconsolada
pues algún día se abrirá el Ser
en toda su eterna alma
y los alelíes y las rosas amargas
limpiarán toda la sangre derramada
y recogerán,
¡oh sí, cómo lo harán!,
todo el sarro de las entrañas.

Él ya no pregunta, sólo responde y responde,
el pobre necio, luna verdadera, sólo responde.
¿Quién apagará la falsa llama que se le marchita?
¿Quién vareará toda la carcoma de su pecho?
Que el viento enfurecido y verdadero
haga levantarse a todo un pueblo
de su largo y malentendido sueño.

REVOLUCIÓN 3

Reinos de furias incontenidas,
cielo abierto a degüello,
rumores amartillando un corazón,
¿cómo puede ser así el movimiento?

Al igual que la vida se mueve
mil gaviotas vuelan sobre el mar,
al igual que el átomo ama
mil estrellas morirán.

Nacer aquí y ahora
en este universo
colmado de vida
donde nace la vida,
o el amor que es vida,
vida que vive
y germina vida, solo vida,
vida, vida, redonda u oblicua
¿dónde comienza el movimiento, vida?
En el trigo que coges,
en la hoja que yace,
en tus manos libres está,
¿y la libertad del planeta,
dónde está?,

¿dónde está la libertad,
la libertad de crear?
En la vida generosa y viva
que de ella misma brota.

Está en mí, en ti, en la vida,
en la vida que todo traspasa
que se forma y vuelve a formar.
¿Y que hay más allá?
Vida o nada, nada más,
nada que sueña
esperando a despertar.

El origen y el final
en esta trágica obra
las paredes quiero socavar
muy adentro hasta la profundidad,
por favor, quiero crear,
¡vida, vida, vida!

La sangre que fluye
por los pastos del arrabal,
el arrabal suena a guitarra
que me aleja de mis entrañas,
las estrellas suenan y resuenan
en las campanas de la vida.

Quiero conocer amando,
quiero crear, entender, mover.
Pero, espera,
¿quién puso este sucio dólar

en mi mano inerme?
Lo tiraré al río
para que se caiga a la profundidad.

Y dime,
¿quién se postergó frente a la cosa?
Todos, en su misma caravana, rota,
mientras los estorninos vuelan y revuelan
nosotros arrodillados como moscas.

REVOLUCIÓN 4

Masa ungüento y deforme
tu verdadero rostro,
masa espurio e insaciable,
no puedes ocultar la exhalada sangre.

A ti fervientemente nos arrodillamos
mientras pensamos que somos libres,
inoculado pensamiento de cuna,
niebla unilateral que moldea nuestros cuerpos
y seguimos, seguimos...
como esclavos en la noche.

Contigo fervientemente claudicamos
mientras nos autoengañamos
pensando que nuestras razones nos guían
cuando en la alborada de nuestros días
angustiosamente nos silenciamos
como seres infrahumanos.

No,
es el capital quien manda y nos guía
mientras engorda y se ríe
con carcajadas que hielan
y escupen oscuras pesadumbres

y escupen negras ciénagas.

¡Maldito capital!,
el reloj siempre vigilando
tic, tac, tic, tac,
¡más rápido!,
¡más productivo!,
¿¡por qué no más turbio!?

Marca las necesidades
que no son más que sus necedades
y no importa la rosa,
ni importa el viento,
no importa el centro
y mucho menos la paz,
sólo importa su supervivencia,
todo lo demás
se olvida con el tiempo,
el maldito tiempo.

El niño no come,
¡pero qué importa si nuestro dios se alimenta!
El inmigrante se ahoga
¡pero qué importa si nuestro dios es insaciable!
El pobre muere de viruela
¡pero qué importa si nuestro dios huele a mierda!

A esta hora, en esta prehistórica hora,
hemos venido a topar.
Cuerpos andantes como átomos silentes,
atomizada mente, atomizada red

que nos deja que nos gobierne
un gran monstruo que todo lo quiere
y subyuga nuestros sueños que no mienten.

REVOLUCIÓN 5

Cientos de gargantas se quedan sin palabras
y arden en la oscura noche,
la noche que no quiso saber nada.
Cientos de albas murieron en las pupilas,
pupilas destiladas por una larga historia,
una historia que sangra.
Cuando escaparon de la pobreza
con miedo flameando los huesos,
valientes solo ellos,
encontraron una ilusión
que ardía de avaricia,
que ardía por dentro
sin gracia.

Tú, que prevaleces en la noche,
tú, que no mueres mientras vives,
tú, que tienes el cuerpo roto
de aguaceros y vientos,
retuviste tu luz al alba
y en tu paraíso flotó la semilla,
áspera, de la esperanza.

—Déjeme entrar, solo quiero descansar
—¿Cómo te llamas?

—Me llamo Soledad, Soledad que migra,
viene y va, por el triste arrabal.
—Entra, aunque solo podrá descansar
suave y sin pesar, cuando el pueblo,
que no sabe dónde está y adónde va,
se alce en pura voz al grito
entre espadas de alelíes y
cielos abiertos de cristal.

REVOLUCIÓN 6

En la fábrica de telas,
invisible, mugrienta,
allí donde nadie entra
ni piensa,
se teje la esperanza del mañana,
se siembra el futuro cierto
que ha de alzarse
(me lo dijo el viento)
cual roja mañana
hacia los campos y alboradas.

Viene la tarde,
llega la noche,
una lucha diaria más
en la fábrica de sueños,
dicen que hay cicatrices
que no mueren jamás.
La política,
el pan nuestro de cada día,
también está en la fábrica,
es el acuartelamiento capitalista,
el robo legal,
el sinsentido de una historia naciente,
la cruda realidad que no engaña

enmascarada por un democrático circo,
el mejor de los mundos posibles
para atarte la soga al cuello.

Pero la política ultrajada es mucho más,
es dialogar, comunicar, hacer, vivir, reír
por eso, las que tejen sueños
se alimentan de belleza
y no de triste abdicación diaria
ni frívolos forrajes
del que gozan los nadas de este mundo
mientras niñas y niños
mueren desnudos por Somalia.

Obreras que vais directas a las estrellas,
ya estáis cerca,
no os desalentéis nunca,
vuestro legado tiene mucho que enseñar,
es un cometa que vive
barriendo el lodo,
es una digna melodía
que planta semillas
realmente vivas.

En la fábrica de telas
se entreteje un mañana,
la historia que llora
no tiene fin y avanza
gracias a la luz bondadosa
y la dignidad que desarma.

En la fábrica de telas
se alzan voces de justicia
que no pueden morir
como la limpia alma.
¡Oh, vida,
siempre en tu regazo,
gozando,
luchando,
y sufriendo por ti!

(A las Obreras)

REVOLUCIÓN 7

Cientos de voces negras
alzando un mandamiento
de un dios con corazón ausente.
¡Utilidad, sentido, provecho, vida, dios!,
no son palabras inocentes.

¡Cuan sinceros sois en vuestra reproducible concha dorada!,
¡cuan sinceros sois en vuestro pulcro lecho de estrellas!

Ahora que volvéis vuestra condición sagrada
a las horas más ciertas de vuestra existencia
¿podréis develar el misterio
de una vida encarnada,
anonadada?

Y si no podéis, ¡hipócritas!,
ya habéis conseguido lo que queríais,
vuestra mísera recompensa de materia,
vuestro más trivial regocijo,
y más valdría que no absorbiereis la sangre,
mientras esperáis sentados a la mesa
ni veis los ojos de quien os sirve la copa.

El trabajo diario
en esta época de espanto
provoca el placer del descanso
y el cadalso
y ácida sangre recorriendo las venas
eso sí,
con plácidas serenatas eternas
que por dentro solo queman.

No es que no ame esta vida
¡es que la vida misma me ama!
y me invita, sigilosa, a tocarla,
sofocarla, aplacarla, transformarla,
para luego respirar y andar,
para luego poder amarla
sin rencores ni cartas.

Y sufrir profundo en silencio
cuando el rostro es tan cínico,
lleno de míseros prejuicios
y de grises falsedades.
Y sufrir profundo un sueño,
el sueño de sentir profundo
por los suspiros,
el árbol que en otoño se desangra.
Modo de vida que no es vida,
sociedades que ignoran,
¡dulce recodo!
¡Sucias sociedades silentes
gobernadas por fantasmas que calman!

A pesar de todo
la vida me empuja,
abre flores ciertas en mi alma
y despoja las que sólo rellenaban
desiertos truncados de alfalfa.

Réquiem por una vida llena de experiencias.

REVOLUCIÓN 8

Vivir y no oler las flores
cegadas por un atardecer que sangra.
Vivir sin descubrir el movimiento
de tus ojos claros,
de la lejana estrella,
de un misterioso corazón
cercado por el cielo.

Vivir sin las riendas que nos unen,
sin la palabra que ilumina
en este, nuestro amanecer.
Vivir sin descubrir el oculto brillo
que nos envuelve en abrazos cálidos,
vivir lejos del viento que golpea la vela,
del barco que surca las olas,
viviendo sin destino, sin historia,
por el falso relucir del oro
en una hora sin futuro.

Vivir un sinsentido de topacio,
en el reino de la podredumbre,
vivir lo perecedero, lo impuesto a granel,
lo falsario, lo decadente, lo monótono,
cual esclavos de una engrasada máquina,
cuales máquinas de un gran esclavo de sí mismo.

Vivir apegados al mundo del desecho,
de la mentira, de lo irracional,
cuales garrapatas arrodilladas,
cegadas por la bendita cosa que colma
sin andar un verdadero paso libre,
sin rodear y esculpir la vida que vive sin vivir.

¡Vivir aquí y ahora,
oh, Señor,
en la más absoluta mentira
de la más absoluta fantasía,
en la más absoluta tiranía
de una realidad incuestionable,
de una realidad abominable!

REVOLUCIÓN 9

Perdidos, manejados, atados,
por los tristes y sucios páramos
vivimos infelizmente contentos
con nuestras ridículas y falsas comedias
que emanan de un fondo pozo de sarro
y cristalizan en temeroso y atávico rayo,
alejados de la sangre que fluye por el cosmos,
del corazón que palpita al interior constante,
de la vida que nos llama y persigue,
caminando ciegos desde la atalaya,
persiguiendo lo perecedero,
muriendo en cada recodo, en cada filo,
a cada minuto un sin sentido.

Cobijados bajo obscenas formas materiales
que endulzan falsamente nuestros egos
darían risa verlas a través de una máquina del tiempo
si no fuera por las penosas caras drogadas
de todos aquellos que rápido las ensalzan
al verse en ellas reflejados
cuales alienados buitres sedientos.

Sumisos a los dictados, separados,
estrellados, atomizados, suplantados,

la flor ya sólo queda para las personas,
no para los pueblos
que se disuelven efímeros,
arrodillados, metamorfoseados,
bombardeados y estrangulados
en un barco sin timón propio,
donde los huracanes ahogan la libertad,
y una falsa perla reluce bajo la mar.

Los locos creen llevar el barco,
creen ser libres en toda su inmundicia,
en toda su hipocresía, alevosía y tiranía
por verbalizar esa prostituida palabra
y así creen asirla,
estos locos pobres hombres grises,
estos grises locos hombres poseedores,
vigilantes y guardianes de sus sombras,
esclavos aventajados de sus dioses,
de sus desdibujados dioses,
tristes sombras,
inciertos poseedores,
viles grises.

REVOLUCIÓN 10

Absorbidos por la televisión,
escuálidos de la era digital,
nuestras promesas son
pensamientos de cristal.
Escucha,
siembra la duda en tu corazón,
que te acompañe siempre,
sin temor,
a los valles nevados,
a los ríos y a los montes,
a los corazones desolados,
lejos del impulso monetario,
tiranizado,
lejos del interesado baile,
caducado,
lejos del malestar social,
arrodillado.
¡Oh, llegar a lo alto,
hacia el amor en vuelo radical
para desembarcar
en una gran plaza
donde alcanzar la vida!

Vestidos con pesados trajes,
ataviados con sinsabores que ya no sueñan
levantamos nuestras propias murallas y cadenas,
seguimos certeras sombras fantasmales,
¿para qué? ¿por qué?,
alimentando más y más la mentira
sin dudar ni un minuto, ni un instante,
pereciendo lentamente
en esta apacible hora
absolutamente indecente,
decadente,
absolutamente incapaz,
patética.
¡Oh, llegar a lo alto
si no muero antes,
amando lo que un día desprecié,
para poder volver
a una gran plaza
preñada de mañana
y olvidada del ayer!

REVOLUCIÓN 11

Pálidas vidas somnolientas de estaño
en vuestras miradas perdidas me asomo triste
y huelo olvidos de azafrán y cardos,
inocencias de un tiempo curioso y vivo
enterrados en un mar fondo, tranquilo,
anonadado.

Queréis quemar el cielo del niño,
fraguar en un inmenso yunque vuestras tristes melodías
que solo tratan de sumas y restas,
no de vientres ni violetas,
¡nunca de soles!,
¡jamás de amores!
y caminar hartos, satisfechos,
incompletos en vuestra apariencia más absoluta,
sin ver la estrella que mora,
sin ver la espiga generosa,
la copa que llena
y el árbol que danza.

Aliviados hasta aquí, turbios y descontrolados,
vivís un tiempo tibio, sin sentido, acomodado.
A lo lejos mueren vuestras flores marchitas
que ya no volverán a vuestras manos,

sí, a lo lejos se desvanecen vuestras verdaderas semillas
que ya no volverán, ¡nunca más!, a sembraros.

Os decimos adiós, con pena y firmeza,
quien no quiera, solo tiene que seguirnos.

REVOLUCIÓN 12

Independientes corazones lejanos
de cerraduras y llaves,
sin el soplo fresco de la piel
el valle se vuelve niebla,
finas cuerdas de guitarra
silenciadas,
antaño tocaban que somos uno.

Los desterrados sin conciencia,
alimentados cuales perros escuálidos
en la lluvia que los moja de todo,
que moja hasta sus invisibles zapatos
llegan desde la historia
caminando lentos, muy lentos
por todo un desierto de silencios
y vuelven al punto de partida externo
pero no por dentro, ¡nunca por dentro!,
¡miserables de yelmo de acero!

En húmedo vientre de sol naciente
nuevos espejos rasgados se guardarán por siempre
tal vez para volver a mirarlos
y volver a sentir,
tal vez para volver a tocarlos

y volver a sonreír
pero solo es un tal vez,
los reales milagros puros
que traspasan la carne, las venas,
siempre estarán en almas vivas
en estos bailes de sombras nuevas
de un mundo que se abre.

Caminamos sin camino,
olvidamos las sustancias,
olvidamos pronto, muy pronto,
el absoluto misterio
y nos encharcamos en el lodo de las cosas
mientras los sin conciencia esperan,
siempre esperan,
tal vez para un día llegar y visar el horizonte
donde mira la libertad fulgurante
pero solo es un tal vez,
mientras la lluvia sigue mojando,
inexorable,
aquí en las sombras que mienten,
los espejos que lloran,
los sueños que se deshacen.

REVOLUCIÓN 13

Deshumanizados,
ya no nos surcamos en las pieles,
ya no nos sumamos en los restos
sino es por contacto forzoso
como eléctricos fluidos que se repelen.

Cosificamos los centros
aturdidos con nuestra civilización llena,
glorificamos lo nuevo
cual dios eterno
y desechamos lo viejo
en nuestro obcecamiento total que vive sin vivir,
caducado por una ceguera que nos atraviesa,
despojándonos.

Mientras tanto,
perdidos al andar por las veredas
nos guía un dios hastiado
que nos hace creer que todo lo puede,
moribundo, entre espinas doradas,
escupe veneno.

Este dios está en todas las cosas
y las hace brillar falsamente.

Nosotros las cargamos y cargamos
y nos mecen cuales bebés
trasmutados en daños colaterales,
mientras ellas, sólidas e inmutables
se ríen largamente.

¿A dónde fue a parar nuestra alma?
La perdimos en el fondo mar
cuando navegábamos ofuscados
hacia la luna de plata
alejándonos más y más de lo invisible,
de lo importante, de lo acuciante,
en este raro mar sin destino,
y con los anhelos olvidados
continuamos por soles vacíos negros de sangre
hacia la verdadera y objetiva nada.

Dios ha muerto.

REVOLUCIÓN 14

Si no hubiera nacido aquí
tal vez iría desnudo,
mi mundo sería otro,
hablaría otro idioma,
tendría otro color en la piel,
las pieles humanas.

El azar quiso que naciera aquí
aunque podría haber nacido allí
donde pensaría de otra forma,
donde sería el mismo sin serlo
y tendría otros miedos,
sabría otras cosas.

¿Quién me puso aquí
y no donde el niño que muere
por desnutrición severa
mientras robamos sus riquezas,
por qué no donde el hombre que se ahoga en el mar
escapando de la miseria
que mantenemos sin tregua,
o donde la mujer que no para de trabajar
para personas que en mi país aprecian
y la señora que no puede salir de casa

mientras capital que mata
le arrebata lo más querido?

Podría haber sido analfabeto,
podría no haber tenido casa,
podría haber tenido que emigrar
y llegar a un país
donde bestias disfrazadas de personas
me habrían humillado y maltratado
o tal vez explotado
o incluso asesinado.

Podrían tantas cosas
pero nací aquí y soy quien soy
y lo que me toca vivir,
si bien pude haber nacido en otro espacio,
en otro tiempo,
por eso debo tener presente
que la humanidad entera
todos somos uno
y toda
es una misma cadena.

REVOLUCIÓN 15

¿Acaso se visten las flores del campo?
¿Acaso no están bellas desnudas?
Si hubiera una sola flor que pudiera ser la flor perfecta
y presumida y fatua brillara ajena,
su brillo sería un brillo inservible,
un rumor de aires efímeros
ensimismados en una inerte disolución
que con falsas glorias no empatiza
con el viento, el mar y el sol.

¿Acaso no sonríen las amapolas solo con la luz del sol?
¿Acaso no le basta al trigo jugar con el viento?
Si los girasoles de Van Gogh,
que percibía el mundo tal cual es,
pidieran más que el sol, la luna y las estrellas,
ya no hubieran podido mostrar toda su belleza,
toda su imperfecta sabiduría,
pues en su simpleza radica la esperanza,
la alegre dicotomía de sus arcanas líneas
que enamoran y nos hacen libres.

Algunas personas no ven las cosas como son
al estar tan llenos de tiempo maltrecho,
de huesos y huesos sedimentados a fuego lento,

y procuran cobijarse en cualquier cosa,
una felicidad que se escapa,
siempre insatisfecha,
un eco somnífero que resuena en un vacío mundano
que acaba quemando todos los bosques,
todos los coloridos campos,
como si fueran simples legados pasados.

Mas vale acariciar la flor, la tierra,
pasear hasta la pálida luna,
mas vale procurar el simple aire que nos llena,
el amor sagrado que cimienta
y embeber el aroma de nuestra tierra,
los espectros que compra el dinero
son una realidad aparente
aun adornados de brillante oro
para fiestas de etiqueta.

Todo el dinero del mundo
hace una gran montaña mugrienta
de hedores nauseabundos
que alimenta a miles de esclavos,
renegados,
y desde hace tiempo,
me temo,
bien acostumbrados.

REVOLUCIÓN 16

¿Cuándo nos encontraremos,
cuando nos callaremos gozando,
cuando nos amaremos
a miles de kilómetros de distancia?
Vamos por el frío metal solitario
como ciegos hambrientos de calvarios,
¿Cuándo nos veremos tal cual somos,
pensando, amando,
compartiendo lo dado que se esparce?
Si mi palabra es la tuya,
si mi sed es tu sed,
simplemente mata el miedo
que nos oprime sin aire,
nos debilita cuales seres irracionales
con sus podridas servidumbres
y nos hace temblar
como el viento quebradizo
que se fustiga por lo que no fue.

Sé muy bien que apenas el sol nos comenzó a alumbrar
que hemos visto siempre las mismas estrellas en el cielo,
pero la fuerza del cosmos nos empuja,
la historia no espera queda,
por estas maravillosas laderas del tiempo

que siempre conservan
la llama triste que todo purifica
y expanden lo nuevo hacia el futuro.

No debemos caer en la derrota
de los que no aman más que las sombras
y sus míseros egos
alimentados con el putrefacto dinero,
que cree que todo lo puede,
que siempre va primero,
antes que el niño que llora
que el pobre perdido
y el recuerdo que añora.

Puesto que nos hemos adueñado unos de otros,
puesto que se han cercado las libres tierras
que gozan de la lluvia, el sol y el viento,
puesto que se han puesto cadenas al entendimiento
y se ha encerrado la flor de la vida
como si fuera loca simiente podrida,
no nos queda más remedio que reinventar
con nuestro arte suelto
lo que nos hemos ganado
y un día fue nuestro.
¡Alcemos nuestra voz unida,
sin temores, sin rencores,
la vida nos reclama,
silenciosa se desangra!

REVOLUCIÓN 17

Tantas normas, tantos dogmas
recorriendo subconscientes
de una falsa fuente inventada ad hoc,
seguridades que nos complacen
desangrándonos despacio
mientras nos aireamos con hedores consagrados
que nos alcanzan indestructibles de un pasado vivo
e intoxica el alma del mundo
que, impasible, llora.

Y nos caemos en viscosas marañas ininteligibles
ahogados con falsas músicas
y embaucadoras letras,
falaces vínculos que nos arrastran
y nublan nuestra mente que se pierde
y sí,
trasmutamos hacia la cobardía
en la larga noche,
como mediocres despojos
con sedimentos atávicos
y el pegamento subconsciente de lo feo.

Despertamos a un mundo complacido,
tristemente acabado

y yermo de misterio,
deslumbrados por la palabra vulgar
que no nos deja pensar ni percibir
ni tan siquiera amar,
mientras aplaudimos la supuesta libertad,
ese bello sueño moribundo,
aunque, insípido, nos colme de vacío.

¿Qué locura egoísta nos derrama
y nos ha dejado ciegos,
llenos de toneladas fútiles de escombro?
¿Tan difícil es romper las cadenas que forjamos?
Sería mejor que se rompiera la Tierra en pedazos
y volver a empezar
y salir de este teatro tan insano
y respirar aire libre,
allá, por los verdes campos,
entre cimientos de esparto
y senderos cálidos,
entre ríos de esperanza
besados por la luna
con música viva y confiada,
y, sobre todo, real
increíblemente real.

No sé a qué esperamos.

REVOLUCIÓN 18

Nunca ningún mísero es culpable,
nunca ningún gusano lloró por los ocasos
de inocencias arrebatadas y estranguladas
pues solo creen en sí mismos
como una pieza más del todo
de un engranaje seboso
que se alimenta
con los aires del Sur que huelen a sangre.

Esos agentes banales de la muerte
que saben lavar su conciencia,
si en su pura inmundicia de locura
reluciera una pequeña luz
por pequeña que fuera
en este patético baile mediocre de Occidente.

Donde hay bombas
solo ven dinero,
donde hay niños muertos
ven cuadros pintorescos,
donde hay enfermos
ven negocios, oportunidades de mercado,
donde se mata a la vida
ellos juegan tráficos sucios de salón

con su geopolítica alma putrefacta.

Y si alguien se sale del cuadro
lo encierran de inmediato,
tampoco para eso
se sentirán responsables,
mientras viven su frágil mundo sin amor
complacidos en sus hueras formas
y aparentes moldes
que, una vez más, acabarán ardiendo
como todo lo que sobra para que este mundo avance.

REVOLUCIÓN 19

Despertaron los humanos
creyendo en dioses extraños
con multitud de formas, colores y brillos,
sustancias aparentemente eternas,
esencias falaces, vidas trazadas,
pesada carga de verbo manipulado,
fraudulento, raro, de boca intrusa,
que nos mecían cuales animales enfermos
y nos guiaban a abismos inciertos.

Pretendimos besar las flores,
abrazar los árboles, descifrar los aires,
pero no decidíamos ni la sangre que fluye,
no podíamos,
ensimismados con dioses delirantes
violando la tierra,
cuales semillas, con dinero
que debía multiplicarse
indefinido
a costa de personas desconocidas,
de la mutilación vital cotidiana
y del sentimiento estético
que es antorcha
donde quema el fuego del universo.

Nos volvimos locos
aparentemente cuerdos
adornados con bellas prendas
que nunca taparon la desvergonzada decadencia de siervos
hacia dioses reales
y rellenos de paja
que impedían saborearnos, gozarnos, sentirnos,
¡nada más querían que los pensáramos a ellos!,
mientras reían y reían vacíos
en todo su esplendor imaginario,
tiranos pero cobardes,
embaucadores y falaces.

Y supuestamente honrados, virtuosos y llenos,
intercambiábamos las fulgurantes cosas
que nos poseían
y nos adormecían
y por la cosa,
¡solo por la cosa!,
maltratamos a nuestro hermano,
lo asesinamos, lo torturamos,
pletóricos de ignorancia,
sabios de todo misterio,
para un día acabar abrasando los cielos
que sostienen tenuemente las cabezas,
nuestras desdichadas y dementes cabezas,
hasta que todos, romos, caímos muertos.

REVOLUCIÓN 20

No es nada la maloliente cadena
que nos ata a orillas de la calavera,
¡rompámosla que ya está muerta!,
¡levantémonos prestos, todos unidos, a la revuelta!,
¡incineremos los podridos huesos
y vayamos por caminos
que no sean de espino,
mucho más anchos
en comunismo total,
vida que siempre persevera!

Las tierras cultivadas hay que desalambrar,
nuestro fruto no debe ser pan ajeno,
la explotación se terminará,
alimentémonos todos
como si fuéramos todos un mismo cerebro,
no habrá excusas para no hacerlo
si toda nuestra vida va en ello,
así que no escuchéis cantos de sirenas,
látigos que con la furia del trueno
solamente quieren dominar
nuestra fuerza radicada en la pura inocencia de amar.

En trance con nuestro anhelado arrebato
ningún mediocre podrá pararnos
aun cuando domesticado
quiera morder nuestros labios
y apagar nuestra palabra sincera
pues nos erguiremos puros,
seremos torbellinos en revolución
que anidan la esperanza de un mundo pequeño,
confiable, racional, soñador,
un mundo mejor.

REVOLUCIÓN 21

Lluvias torrenciales llenando almas,
descubriendo cuadros aburridos,
despertando a un mundo vacío
que sutil se escapa ante tus aturdidos ojos.
Músicas de fuegos saliendo de pechos vivos,
inconmensurables y no mimetizadas,
queriendo ser libres en un simple pestañeo
prodigioso y fugaz
a la luz de un cosmos que siente.

Las hordas inconscientes,
obedientes,
se adueñan de la historia,
plagiada,
ocultando sus carencias actúan
ensimismadas,
los libres se amontonan,
vencidos,
en duras celdas de castigo.

No es la misma la flor mirada por todos,
algunos se la hacen suya,
otros solo la ven
como efímero placer.

Los incomprendidos penetran la belleza
y dejándose llevar
descansan en su pura esencia.
Los desagradables cuerdos de la historia,
superficialmente, en su calavera de muerte
solo la tocan.

¿Pero cómo parar el viento que sopla del mar?
¿Queréis lobotomizar la duda, la savia, la gracia?
Es el camino pedregoso el precio
por querer traspasar las líneas trazadas,
es la vida a cuestas que aniquila
lo perecedero
moviendo el exterior que avanza
dejando penosas cenizas,
recuerdos de hojalata.

Así pues, sin saber el destino,
los infinitos destinos
que penden de finos hilos,
no será tan cruel el caminar
pues surgirán siempre nuevas verdades
por todos aquellos que libres,
¡sí! ¡sólo los libres!,
las gozaren y las trasmutaren.

REVOLUCIÓN 22

Vencidos por la corriente que no piensa,
cooptados por las brillantes luces que envenenan
cuales farolillos de un mar muerto y agónico
atravesamos vilmente la historia
sin detenernos siquiera en las orillas neblinosas
que conscientemente olvidamos.

Dejamos escapar nuestra flor más hermosa,
aquella, inocente, que nos envuelve en lazos
de rayos de luna y sales de bruma,
sin el más mínimo pudor
remando hacia el abismo,
simplemente por costumbre
pues nada hay que podamos contar
en estas horas de frío metal indiferente
en una rueda de podredumbre que exhala muerte
que tiene muchas formas,
que es antisocial.

Trasmutamos nuestro ser cósmico
que solo entiende de creación
hilvanando músicas lejanas
que pueden, suaves, imaginar sabores de albahaca
por una quebradiza impostura

que nos separa y nos impide navegar
por nuestros caminos escogidos,
libres, sin engaños, sin prisas
pero que ya no son nuestros
y por eso ahora solo nos queda
correr, correr, correr sin detenernos
hasta quemarnos la piel sin poder vernos,
hasta llegar a ningún sitio,
solo por el puro placer del sufrimiento.

REVOLUCIÓN 23

Miraba siempre dentro de sí mismo
como ensimismado, aturdido,
encontraba laderas y valles
acuciantes en torbellino.

A los árboles los amaba,
con las flores hablaba,
siempre sereno se despedía,
apaciblemente cogía el fruto
del cual se alimentaba.

Laboraba junto con los átomos
que juguetones se dejaban,
esparcía el tiempo a su alrededor
que lejano volaba.

Reía con el sol y los pájaros,
se estremecía con el fuego puro,
entendía diversas músicas
de deseos y sueños
pero a veces no las compartía.

Pintaba humedales y desiertos,
los unía en su corazón por dentro,

la esperanza iluminaba su día,
bordaba su futuro con presente
que ardía.

Un día, junto con sus tesoros invisibles,
se volvió de luz total,
marchó desnudo por el camino
sin nada con lo que cargar,
no volvió jamás atrás,
siempre siguió el camino
de la absoluta libertad.

REVOLUCIÓN 24

No se hacen las cosas para destruirlas
sino para aprehender e iluminar,
no se hacen las cosas para que se acaparen
mientras todo se derrumba lentamente,
mientras el jinete de la muerte pasa constante
dejando las cenizas del desastre,
no, no es así,
las cosas se hacen para comprender,
repartir, esparcir, pulir, sentir.

¿Qué sentido tiene la estrella solitaria,
la estrella que no es mirada por nadie,
e ilumina a la nada?
¿De qué sirve una escalera a la luna
si luego, a tientas, no emprendemos todos
el camino amado del alma?
¿De qué sirve acumular y acumular,
como locos sedientos, hasta el infinito,
en una tierra y en una vida limitada,
que sabemos finita
y que con sus límites nos guía?

¿Acaso no sería mejor repartir el fruto,
destruir todo poder oculto

de dinero podrido?
¿No habría que romper las cadenas
que nos arrodillan, nos envenenan
y finalmente nos calman
como si fuéramos puros algoritmos
que ni sienten ni claman?
Mientras la estructura calaverosa
que parece no tener fin
crea las células cancerosas perfectas
que reinarán mientras agonizan en la nada.

¿A dónde se fue el misterio con sus suspiros,
suspiros claros, llenos de eternidad,
a dónde se fue por los arrabales de la ciudad?
Se fue lejano
por la cuesta sin sentido
rompiendo lazos de carne,
simientes de sueños,
recuerdos que eran nuestros
y que ahora, silentes, no se comprenden.

REVOLUCIÓN 25

Arde el pecho por dentro a la luna,
a la luna lunera que sueña,
cuando veo tanto fruto derramado
por estas incongruentes laderas.

No es fácil el camino andado de fiesta
sin sustento ni orden
pero con principios que vuelan,
la fiesta es el primer suave golpe
para deshacer las piedras del camino
y poder bailar a las orillas de la noche,
contigo, conmigo, con todos,
volveremos a un ser mucho más íntimo.

Lobos quieren apoderarse de los víveres
en este simple viaje
que reclama abrirse paso
hacia su paraíso venidero perdido,
perdido por la incomprendida materia
que no siempre atraviesa el pecho a la luna.
Lobos que sostienen la cruz de la muerte
vienen y van sin atreverse a ir más allá,
más allá de lo simplemente dado,
más allá, hacia el puro amor sagrado.

Busquemos la luz que ciega,
no es fácil el camino de fiesta,
busquemos los cánticos que retumban,
no se puede cantar siempre lo afín,
busquemos la ultrajada memoria que guía,
no se puede gravar en la nada la nadería.
Ahora, en esta fluyente hora,
como rayo atravesando oscuros montes,
guíate, haz lo que no puedes,
no hagas lo que no quieres,
adéntrate tranquilo hacia la luna,
la luna que siempre sueña
y haz reír a la aciaga muerte
que siempre estuvo ahí.

REVOLUCIÓN 26

No hablan por hablar
como si supieran todo
y parecen ignorar
para los que no ven más allá
que los estatus de una maltrecha sociedad.
No odian ni se ensucian
llenándose de sarro a cada paso
como simples poros que absorben lo dado
y parecen que no son de este mundo
para los altares reales
pero también subyugados
por unos efímeros dioses
no simplemente pensados.

No miran por mirar
y en silencio comprenden
lo que debiera ser
y por la culpa de los cuerdos
no es
pero, aun así,
en este triste yunque de muerte,
con sus ojos se aprende,
con sus palabras se reverdece
por mucho que parezcan ridículos

a los que dictan,
a los que recrudecen,
a los que mienten.
Si habéis encerrado el mundo,
¿cómo no ibais a encerrar a estas personas
que son los libertadores del yugo,
de la incapacidad para amar,
de la incapacidad para ensalzar,
de la incapacidad para ver la esencia
no entendida
de dar,
de descubrir,
de crear?

REVOLUCIÓN 27

En el rojo lado me hallarás siempre
frente al fascismo que mata la vida
pero no en posiciones templadas
de disfraz obsceno, que hace un sucio juego,
sino en la sinceridad que brota del alma
con los principios que eternos manan,
desde siempre verdaderos,
sin maquillajes ni miedos
defendiendo lo que casi ya no se defiende
hasta alcanzar la paz
o la paz de la muerte.

Algunos adoptan posturas oscuras,
intermedias y equidistantes
pero son necesarias para el monstruo
que las utiliza y las abraza.
Mas no seremos complacientes nosotros
con monstruos ni halcones,
aunque no abracemos todos lo mismo
sabremos de mil matices que reverdecen
siempre entre rosas y claveles,
con firmeza y humana fe
frente a la estulticia de siglos
que van conformando sin pausa

sucios y pobres pies quemados,
endebles huellas de un pasado.

¡Hazte oír, clase que se empieza a sentir!,
¡no te dejes engañar, nunca desfallecerás!
Vive la conciencia con amor,
con el corazón que todo lo puede,
sabrás hacer la revolución,
derrocar a los títeres
y a los verdaderos titiriteros,
esos que se esconden tras las máscaras,
sucias máscaras de hierro,
que siempre intentan engañar con lo viejo caducado,
que enjaulan la vida para que no vuele
con su Estado de cosas
hecho a su medida,
formalmente demócrata,
siempre indulgente con su capital,
sin piedad para los que las leyes los criban.

Llegó la hora, no perdamos tiempo,
vamos en rápido vuelo pragmático
por el laberinto del sueño.
No es tan difícil, sigamos los pasos
de los valientes y firmes antepasados,
¡levantémonos ya!,
¡unámonos ya!
¡Llegó el inquieto rayo del sol
que nos empuja a todos a la revolución!

REVOLUCIÓN 28

Todo en la mente un mundo
que ríe y llora al cielo,
que piensa y añora,
mas aunque no pueda cambiar
toda una realidad material
te viste para ello,
muriendo o viviendo,
esparciendo la materia a los cuatro vientos
o durmiendo a la orilla del tiempo,
más tarde la luna dirá
lo que con tus brazos puedes apartar.

Penosa lucha real y no más,
que tu espíritu clama
todo lo que el tiempo necesita para vivir,
todo lo que el cosmos, paciente, espera,
todo lo que puedes horadar en la materia
y engendrar en vuelo radical sin miedo
como un loco poseído tocado por la luz plácida
hasta alcanzar tu más profundo sueño.

Y es verdad que necesitas de los demás
y que los demás se hacen ya en una sociedad
que no puede cambiar a no ser que se mueva ella,
que vive y piensa de antaño

pero que, por el presente, con el amor radiando
a $e=mc^2$, puede transformarse radicalmente,
cuando los espíritus tejen y retejen,
sueños y resueños
que si pueden hacer mover la historia
es solo porque tienen que ser verdaderos.

REVOLUCIÓN 29

Detrás las verdes cañas,
allá a lo lejos, tras los campos,
están las suaves montañas
azuzadas por el viento
donde se deja entrever un sol
en esta noche oscura.

Es el sol que debemos esperanzar
siempre, los de sueños constantes
y vientres incomprendidos,
por él nuestra alma brilla,
por él nuestros hechos nos revelan
y poder desechar así a los que solo porfían.

Y al romper las cadenas
que nos llaman a galeras
podremos bajar el sol a la tierra
y con su pura energía de estrella
trabajar mil brazos como uno solo
en armónica coexistencia
pero no será tampoco fácil
pues zarza habrá de brotar
que hallamos de cortar.

¿Podremos cerrar el teatro
y actuar al aire libre
con la música del universo
velando, algún día,
por nuestra propia actuación
que muta, trasmuta y remuta
al centro doliente del corazón?

¿Será nuestro cobijo un digno lugar
donde acaecen los más puros sentimientos,
las más nobles historias
que nos eleven a recónditas estrellas
para, por fin, poder atrapar lo sutil
sin perdernos en arenosas vaguedades
que nos hacen siempre ser actores
de unas escenas ya contadas,
forzadas, sin gracia,
en lugar de respirar
el puro aire espontáneo?

Veremos hasta donde llegamos.

REVOLUCIÓN 30

El olvido es una eficaz herramienta
para llegar ciegos a la misma meta,
el olvido diseña sonámbulos,
algoritmos maquinizados,
que en círculos bien acompasados
demuestra cuán perdidos estamos.

La división es eficaz receta
vendida por todos los poros digitales
para regocijo de una imagen demócrata
que sigue estando al servicio de los de antes,
los que se adueñan de todo,
hasta de la herrumbre rampante.

El entretenimiento es eficaz opiáceo
que atraviesa nuestras indiferentes llagas,
los diferentes disfraces
de colores inciertos
que se nos presentan como aguaceros,
encubren la misma vieja telaraña
que, nauseabunda, dispara.

El silencio es eficaz acróbata
que no permite ver nada

y mientras nos desborda
nos acompaña cabalgando sobre la muerte
hacia desfiladeros,
donde casi muertos
ya nunca más volveremos
y sin memoria, sin memoria,
siempre sin memoria,
nos olvidemos.

REVOLUCIÓN 31

Tristes realidades lejanas
que se desvanecen en el aire,
indiferentes, perdidas
en las redes de nuestra mente,
encubiertas hábilmente
para el sosiego de la gente.

No cabe opción de disenso
ni habla sosegada
en un mundo controlado
por los estamentos,
y hacen creer al esclavo amo
infelices que imitan lo vano
pues toda su libertad
se reduce a no pensar.

Y recogemos diariamente
estercoleros ingentes,
nos pretenden acríticos
de una realidad tan solo aparente,
pues lo que nunca pondrán en duda
es un sistema putrefacto
que escupe muerte
por todos sus poros indecentes

mientras se muestra alegre
con toda su estulticia hollywoodiense.

Sucias mentiras que se vierten
sobre hechos históricos recientes,
millones y millones de dólares
fríos y ensangrentados
que intentan sepultar
toda la verdad del esclavo
pero no, no bastarán
en toda su inmundicia
para detener la historia
que, sin duda, avanzará.

REVOLUCIÓN 32

No puedo desaparecer de aquí,
esfumarme al aire, contemplar lo dado,
vivir abstracto en un lugar sellado
con mi carne sintiendo todo el peso
que se revela y precisa
de todo lo hasta aquí realizado.

Por eso necesitamos
como huracán que clama, impotente,
a nuestros débiles huesos
la unión de las conciencias
de los hijos de Dioniso
para así poder destruir
la idolatría a Mammon,
para así poder cambiar
con la fuerza de la verdad
a una vida violada
que vive atemorizada.

Y poder andar lejos,
lejos del vacío que ordena
sin más voluntad que su locura,
rosa ensimismada,
noche oscura, sin luna,

que no deja ver otros confines,
con todas sus terribles ataduras
donde la esencia es sobrevivir
y no comprender la vid
creada con la materia del cosmos,
levantada con el sudor del trabajo,
lo que significa vivir.

Así, cojamos las riendas
y abracemos al cosmos,
no podemos perder más el tiempo
sin la libertad de ser nosotros,
encarcelados por inventos propios,
atados y amordazados,
de espaldas a la luz
como un barco a la deriva
donde unos pocos se tiran al mar
y otros muchos reman y reman
y no saben a dónde van.

REVOLUCIÓN 33

La savia mana del tiempo,
huelen a uva los trabajados campos,
sudor y savia se engarzan
y la noche rememora la jornada.
Savia ligera de gracia,
savia que sabrás,
gana la batalla que clama
por el mañana,
completa y desnuda.

El tiempo mana de la memoria,
los campos de trigo se ensalzan,
tiempo e infinito se mezclan
y los jornaleros descansan en la montaña.
Lo dais todo por lo que amáis
y amáis siempre que dais,
no perdáis nunca la estrella,
lejana estrella de bellos pensamientos
que el mañana ha de alumbrar.

La memoria mana de la luz,
la casa trabajada aguarda,
el futuro abraza a la memoria
y el pueblo, libre y fatigado, se despide.

Memoria que vienes,
memoria, ¿a dónde vas?
Ven con nosotros a la nueva alborada,
mañana puede ser hoy mismo,
ven a plantar cara
con la inquieta luna,
el sufrido mar
y el hondo viento de testigos
alumbrando el camino.

La luz mana del origen,
el pueblo duerme tranquilo,
la luz siembra más semillas,
¡y si estos hombres despertaran al sueño que acunan!
Luz que luceas
luces de estrella
guía con tu luz clara el camino
de piedra lunar,
de aguas y tierra,
no pares jamás
que ya pronto la Tierra,
nuestra utópica Tierra,
volará por esa vereda.

REVOLUCIÓN 34

Los espejos rotos,
descompuestos,
no sirven,
las mezquinas costumbres
frías como el hielo
de hacerlos añicos
y esconderlos
olvidándose de ellos,
de nosotros mismos,
del necesario silencio
que también está perdido.

El techo agrietado,
mugriento,
de un alma leve,
convida a una mentira
que se vuelve cotidiana
por un fin abyecto,
que se esconde tras olores de incienso
y duerme en dulces camas,
camas hechas solo de veneno.

No cargará pesadas cruces
como si fuera un vía crucis,

se despojará de toda su moral,
él no es más que uno más,
y no sentirá ninguna carga al andar
aunque haya mandado a mil palomas matar
desde su oscuro techo de cristal
y vivirá bífidamente contento
con todo su hedor nauseabundo.

Y si alguien inoportuno le viene a molestar
pronto sabrá que contestar
aunque millones de inocentes
se desangren lentamente,
pues sus corifeos aplaudirán,
repetirán constantemente
las palabras más ligeras
desde sus famosos aposentos
de espejos rotos,
techos agrietados
y grandes casas vacías
de espantajo.

REVOLUCIÓN 35

Hagamos de todas las flores una inmensa flor,
despojemos todas las espinas del racimo,
lo que ha de ser será con un solo latido.
Eso será lo bello y tremendo
como el río que avanza en invierno,
una justicia que grita desesperada
ardiendo al vivo
en todos los pechos sedientos.

La anomalía se estanca,
no avanza,
se hace muy evidente,
no puede soportar más dolor,
pronto vendrán el rayo y el trueno,
el radical cambio
que ya no solucionará las cosas como antaño
sino que propone un nuevo mirar,
un nuevo querer,
un desdoblamiento inaudito
para volver a avanzar,
en esta tierra quemada
que llora y llora
mares y mares.

Salgamos todos iguales
a la plaza que espera,

levantemos todos el mismo brazo,
la misma bandera,
que nadie nos robe el propio fruto
de sudor y tiempo
para que otros se levanten
sobre látigos mojados de lágrimas
apoyándose en sus leyes
que mienten
y alcemos nuevos cimientos,
nueva base,
donde no haya poseedores ni poseídos
pues todo lo que ahora se esparce
nace de gélidas escarchas
del duro invierno que espanta,
¡por eso necesitamos
nueva savia,
nueva vida,
nueva vela
que de tu alma salga liberada!

¡Hoy puede ser mañana!

REVOLUCIÓN 36

El sol se levanta por los viejos edificios,
en el parque cuatro niños perdidos
se estremecen de frío,
envuelve la niebla la ciudad,
el ruido acecha,
la gente camina vacía
por las sucias aceras.

No es gentil la fábrica,
duro cuartel maloliente
en ella todo se vende,
fin en sí mismo
que a los trabajadores maltrata
y no distingue
de su maquinaria creciente.

Pues no es una fábrica
mera fábrica
o una máquina
mera máquina,
son dadas en unas concretas relaciones
que pueden hacer de ellas
la cruz o la cara.

Y en el descanso se escucha:
«Si se puede trabajar
de mil maneras las cosas
podremos también reinventar
de mil maneras la historia,
caminando todos unidos
hemos de hacer nuevos caminos».

Pero a la vuelta todos se dispersan
y el creciente entusiasmo se esfuma
como si fuera un simple sueño,
una simple espuma,
una alegoría lejana que se escapa de las viles manos.
«Los estómagos no se alimentan solos»,
dice uno
«y yo no estoy para alimentar absurdos»,
dice el otro,
mientras, otra mayoría calla
y otros que no dependen
de un capital creciente
y pueden hacer valer su presente
callan doblemente
pues ellos son los que deben
y los que pueden
pero lo único que hacen
es ser buen esclavo
que, deshonesto,
miente.

Mientras, millones de niños siguen perdidos.

REVOLUCIÓN 37

Hay una pequeña idea
que en tierra firme se plantó,
de ahí brotó pura vida
y ella misma quiso alcanzar
altas cumbres imaginadas
tan solo por amor
y navegando por el sueño
creció y creció,
y desplegando su esencia,
los páramos de besos florecieron.
No se detuvo, anduvo,
no se rindió, luchó,
en la oscura noche
la idea se engrandeció,
en el perdido desierto
la idea, pura, guió,
y muchas semillas ganó
que muchos gozos dieron.

Con los tambores de las tinieblas
lobos quisieron matarla
vacíos ellos de ideas
solo con falsas propagandas,
pero la idea se mantuvo,

firmemente,
porque la verdad no desfallece
aunque mil bombas sobre ella caigan,
y aunque mataran a miles de personas
la idea que ha de alumbrar al alba
permanecería intacta.

Es la idea que renace siempre
hasta que lleguemos a completarla,
por si misma brilla,
por si misma canta
y en millones de cabezas ha sido pensada.
No se compra ni se vende,
su función es el latido latente
pues, aunque parezca escondida,
como primavera que vela
ella continúa presente.

Vivir con la idea
es un bello vivir
y no hay dualismo con la materia
pues no es ella algo abstracto
sino que te hace gozar,
llorar
y decidir,
¡y, sobre todo, sentir!

REVOLUCIÓN 38

El pasado se fue
pero vive presente,
aquí,
y el presente, ¿libre?,
puede acaecer
por grietas eternas
cuando la lluvia
paraliza los futuros paisajes,
todos,
de forma presunta.
Así, viene el futuro verdadero
y no es de locos pedir el sol o la luna,
es de cuerdos
que conscientes
sienten y lloran
y, además, presienten
esas grietas
por donde el mañana entra.
¡Y vencer así a los que engañan
y transigen al tiempo yacer!

Y así puede ser,
créeme,
nunca nadie detuvo huracanes

que de un solo golpe borrasen
lo que a muchos les parece inmutable,
la historia continúa,
los vientos aguardan,
los puños se erguirán,
su tiranía se derrumbará,
la libertad amanece
¿no la hueles ya?,
viene desde la estrella lejana
y ya nadie, ¡nadie!,
la puede parar,
¿quiénes son los ilusos
que todavía se aferran a un engaño
como si este tiempo
ya hubiera acabado?

Revolución 39

Es dura la máscara,
brillante, arrogante,
semeja arcana
y nos envuelve con su telaraña
invisible y objetiva
pero apenas nacida.

Necesitamos el aire del norte,
la llama que enciende
el corazón que estalla,
¿no oís a la tierra desesperada?,
juntos la trabajaremos
y nuestros olvidados frutos
serán solo nuestros.

No son las personas culpables,
la marea arrastra a todos,
marea artificial de aguas gélidas
que solo sabe crecer,
marea negra.

Hay personas seducidas
aferradas al engaño de lo vano,
esclavas de sí mismas
que esparcen siniestros cánticos

y alimentan a un monstruo
del cual viven ellos
en su ignorancia, ufanos.

Es dura la máscara, sí,
más debe romper
porque nos automatiza
como si no fuéramos
(pero fuimos y seremos)
seres humanos
y nos borra
de mil maneras
anulando nuestros sueños
que todavía persisten y yacen
en las estrellas que nos guían
y nos trascienden.

REVOLUCIÓN 40

¿Qué se esconde tras los objetos?
¿Qué poder tienen, en qué están envueltos?
No salen de la nada, tampoco piensan
ni andan solos,
¿a qué comulgamos con ellos?
Pues son fruto del trabajo,
eso es todo (y no es poco)
pero marcan el ritmo
y vivimos para ellos.

No es un simple trabajo que los hace,
es el trabajo de nuestro espacio,
de nuestro tiempo,
trabajo para el mercado
que como un dios todopoderoso
ordena y manda
por encima de los humanos.

Pero tampoco es un simple intercambio
de mercancía y dinero
pues el dinero va primero
y la mercancía tan solo es un pretexto,
pero es un pretexto corpulento
que lo inunda todo,

que nos engaña disfrazado de vida,
que se necesita para alimentar,
vilmente,
en este sucio lodazal
a la bestia capital.

Ese es su secreto,
el poder que tiene de deslumbrar,
el poder de cegar,
de guiar al pueblo por encima
(repito, vilmente)
de todo lo demás
y no son más que fantasmas,
son nuestros propios fantasmas creados
con poder objetivo,
fetiches inventados
como dioses del Olimpo.

REVOLUCIÓN 41

Dicen de siempre
los que esconden cómo se hacen las cosas
que hay que tener un proyecto
y luego saber gestionar
y de ahí, si has elegido bien,
como todo es subjetivo,
triunfarás
(entiéndase por triunfo la superficialidad).

Lo que no cuentan
es que se necesita un capital
no para abrir una tienda
(aunque también)
si lo que quieres es explotar
y para ser el dueño
no de ningún trabajo concreto
sino de mucha, mucha,
fuerza de trabajo
si es menester
a tiempo completo.

Pues las cosas no salen de la nada
y el dinero que las compra,
por mucho que sea de metal,

papel o simple anotación electrónica,
no son una invención dada
y repito
tampoco representa la nada,
pues lo que vale
es lo que se intercambia
y lo que hay detrás
no surgió con una varita mágica
porque insisto,
todo lo que se compra vende
tiene un trabajo,
mejor, por lo visto, cuánto más urgente,
y ese trabajo es el que crea las cosas,
(incluso la productiva máquina
desligada, ajena y trasmutada
también ha sido creada)
pero parece ser que los individuos de siempre
dicen que el valor,
muy tranquilamente,
sale de la nada,
pues solo es mente.

Pero el trabajo del obrero
sí, el trabajo,
siento decepcionarte,
crea el objeto-valor
y de ese valor creado
¿cuánto recibirá el obrero?,
no más que su salario
que lo ha creado él mismo
y menos de lo creado

que se escapa, siempre,
de entre sus sucias manos.

REVOLUCIÓN 42

Algunos piensan que es la naturaleza
egoísta e insensible,
que nada se puede hacer,
que es tiempo perdido luchar
en un mundo inexorable
y lo justifican sin más
viéndolo todo pasar
pues es lo más fácil
y además no duele.
Se preguntan ¿qué culpa tenemos?,
y quedan contentos, sin pensamiento,
pero los más hipócritas
incluso, hablan de necesidad,
que así no viene el caos,
nos cuentan,
alegres e inconscientes
los que viven de obscenas rentas
y no entienden donde nace la estela que ilumina
y bailan vísceras aherrojadas en la palidez de la noche.

Poder gozar de una estructura
donde crímenes originales pasaron a ser herencia,
donde la fuerza de trabajo es vendida,
domesticada y herida,

sumamente en silencio bendecida,
permite la magia acumulativa
y así, todo se convierte en capital
pues los valores que crea el trabajo
son muchos en comparación con el salario
y aunque presuman de oferta y demanda
el capital siempre avanza
titánico, sin mirar atrás,
cuando la mercancía sale de la fábrica.

No se acabó con la esclavitud sin hacer nada
o cantando poemas malversados,
no murieron tantas flores en el pasado
para ser neciamente olvidadas,
no se desprecia la historia que te trajo
en duro galope, hasta aquí, en esta época
como si la vida hubiera empezado donde tú estás,
pariendo la sangre que absorbe la tierra,
que empuja la historia
llena de semillas contrarias
(no desprecies derechos de los que gozas
amaneciendo
como si fueran a ser eternos,
y vigila siempre
a los que roban,
sin ignorar a tus antepasados
que sufrieron y dieron su vida por vivir).

REVOLUCIÓN 43

Nos dejamos llevar como barco de vela sobre el mar
cegados por nuestra propia y supuesta felicidad,
manipulados por los que dicen poseer la verdad,
propietarios acaudalados que expanden sus tentáculos,
y la vida se nos va, lenta pero firmemente, se va...
¿y para qué? ¿para qué hemos nacido?
¿Acaso hemos nacido para navegar sus aguas,
sus putrefactas aguas de mentiras y crímenes?
¿Acaso vivimos para mirar el dedo y no la luna?
¿O hemos nacido para develar un sueño,
el sueño de lo imposible,
que busca lo eterno?

Que no sea ajeno este mundo injusto,
que no sea ajeno el olor a tierra mojada
y de tu boca sus frutos,
que no sea misterio indeclarable el verbo
que todo lo engrana,
y a su paso el frío río
del cual gozan las almas.

Corre conmigo,
no te creas lo que has oído,
el estercolero de una jauría ciega

que ni sabe ni se acuerda
de dónde salió la triste cuerda
que toca al son de la corneta.
Toca tu canción,
tu revelación,
es mucho más cuando sale del corazón,
mucho más que toda esa mísera historia
que nos atrapa,
abnegados y esclavos
de siniestros parámetros
que se retuercen vilmente
cuando alguien les habla,
locamente,
de la magia soñada
por personas
maravillosamente insensatas.

REVOLUCIÓN 44

El veneno refleja la espiral de la derrota
que comenzó de manera violenta
allá por un tiempo olvidado,
¿sabes que por el surco la sangre
se derramó lenta
en una noche de luna llena?

Y se transforma en múltiples caras
pero su hedor no engaña,
el veneno que inunda las venas
de la sociedad calaverosa.
Siempre una sombra acompaña al veneno
como maldita estampa
y una vez alimentado
vuelve a comenzar
y mata y mata, solo mata,
en plácidas horas aletargadas
de plata.

Pues sus horas siempre son de plata,
no entiende de lo que no se mide,
de lo que no contribuye
a la ceguera más abyecta,
a la hoguera del tiempo olvidado,

un tiempo perdido
transformado en un triste camino
prefabricado.

Y sonríe robótico
el veneno que se aferra
a los cuerpos marchitos,
dominándolos,
todo en esta vida tiene una segunda intención
y no es como la soñamos,
una vida dominada por el mercado.
Pero ahora ¿dónde están los locos?
¿Dónde los que me acompañen
fuera del tumulto modernizado
vilmente errático y mediatizado
a las tierras del Sur
con sus infinitos campos
y hermosas estrellas
que alimenta más que cualquier cosa
que vomita la hiedra?

REVOLUCIÓN 45

Lo blanco se volvía negro
como por arte de magia
pero nadie lo vio cambiar,
¡nadie!
El sueño escondía gusanos por dentro
que se multiplicaban a cada atenta mirada,
los guardianes asesinaban la quietud,
el humilde y sencillo estar,
sobrevivir a la luz,
glorificando a la secta
que controlaban
y que todo lo controlaba,
parece ser que democráticamente.

Vinieron los pobres,
no para hacer la revolución
que es suya,
sino para recoger la madera
que antaño les perteneció,
para no morir de frío
en el invierno que llegaba.
Los lobos, atentos a su miserable condición,
exhalando ese olor putrefacto
que sale da las almas muertas,

los violentaron a golpes
por una madera que dejaron pudrir.

En el país de la llamada libertad,
donde fabricaban, sobre todo, bombas,
para hacer crecer su capital
e imponer sus nauseabundos intereses,
muchos millones no tienen nada
y no malvivirán mucho más
mientras que a viejo siempre llegarán
los mediocres
que, dicen, progresan.

Parece ser que Cristo murió
criticando al poder
y del lado del pobre.
Hoy la tele nos diría,
apaciblemente,
que Cristo es terrorista,
asesino malvado
que seguro,
merece ser encarcelado.

Nada cambió,
sólo las formas,
entre los pobres que recogían madera,
entre las ciudades negras
donde el Estado apesta,
entre el Cristo lleno de amor
que el poder crucificó,
y tú dirás,

no ha pasado mucho tiempo,
es verdad,
lo blanco sigue siendo negro,
el sueño, pesadilla
y el poder asesino
desayuna tranquilamente
pero nosotros,
como viejo topo,
continuamos firmemente
porque creemos humanamente
en los principios por los que hemos luchado.

REVOLUCIÓN 46

Fidel, digno sentido de la justicia,
luchaste sin importar tu vida,
lo único que anhelabas
era tu querida Cuba
que la amabas soberana.

Fidel, combinaste como nadie
tus fuertes y dignos principios
con la praxis diaria
y siempre adelante
gracias a la fe en el ser humano.

Fidel, sobre ti muchas mentiras
se vertieron e inundaron
y aun todavía hoy intentan mancharte
pues fuiste el enemigo número uno
de todo un putrefacto imperio.

Fidel, tu valentía sin límite,
tu alto sentido de la dignidad,
justicia y solidaridad
es ejemplo para todas las niñas
que siempre has querido
de esta humanidad.

Fidel, sembraste esperanza,
firmeza, generosidad,
amor, sobre todo amor,
pero también la guerra al enemigo
y eso es lo que no te perdonan ellos,
los que provocan un miserable bloqueo
para dañar a todo un soberano pueblo.

(A Fidel Castro)

REVOLUCIÓN 47

Palestina, tierra soñada,
histórica tierra de albahaca,
canto a la dignidad
que de tus ojos sale preñada,
no desfallezcas en un silencio,
fariseo,
la luna y las estrellas
aunque distantes
hondamente te brillan.

Palestina, tierra quemada,
violada,
nunca domesticada,
triste tierra olvidada
falazmente
por los que dicen defender la libertad
y la democracia
y la soberanía
y no sé cuántas tonterías más
cuando lo único que miran
es por el gran capital.

Palestina, tierra oprimida,
inocente y limpia,

perseguida por Yahvé
con su odio infinito,
tu voz nunca morirá,
persistirá,
en esta larga noche
y se alzará
¡al viento,
al mar!

Palestina, tierra de resistencia,
tierra ocupada,
ocupación bendecida
por un nauseabundo
jardín europeo,
por tus calles corre la sangre,
sangre de niñas y niños,
de jóvenes y mayores,
que viven en una inmensa cárcel
que soñaban con la libertad
y la anhelada paz,
¡pero escuchar
hipócritas,
toda la vida cercenada
por el sionismo asesino
no se ha de olvidar
jamás!

¡Palestina vencerá!

(A Palestina)

REVOLUCIÓN 48

Poesía es Víctor Jara,
amor es Víctor Jara,
esperanza es Víctor Jara,
él es el canto del arado,
del andamio, de la fábrica.

Víctor Jara es el camino
que invita a recorrer al pueblo,
a los pobres, a los sin tierra,
un ancho camino que llama,
y que procura
tierras desalambradas,
un viento libre que nace
del corazón de la montaña.

Los dueños de Chile
le quitaron la vida,
esa oligarquía lacaya
del imperio
y sus garras
que vendieron la patria,
vilmente,
que tiñeron de sangre
el río Mapocho

por el dinero al que adoran
su fetiche de hierro.

Víctor,
te torturaron y asesinaron
pero nunca te fuiste,
el odio no entiende
que el amor persiste,
mataron tu cuerpo
pero tú sigues viviendo
en tu música,
en tu amor,
en el alma del pueblo.

Tu canto siempre perdura
que no es *lisonja fugaz*,
como los cantos de moda
que son cantos al dinero
vacíos, yermos,
de un sistema que nos quiere perplejos
y por eso efímeros
y por eso necios.

Víctor Jara, siempre presente,
siempre inmortal,
serás siempre el faro de Chile
y de todos los humildes
pero ahora también,
Víctor,
un gran faro universal.

(A Víctor Jara)

REVOLUCIÓN 49

Cuantas hermosas canciones salieron de tu boca,
cuantas esperanzas, cuantas revoluciones...
Decir las verdades en bello canto,
las del pueblo que sufre aplastado,
explotado,
las del alma que sufre en silencio
y muere olvidada
en tristes crepúsculos sin mieles
y largas noches invernales.

Tu canto siempre nuevo,
siempre atento, siempre eterno,
es el humilde canto de los humildes,
el corazón sincero de los obreros,
la estrella que guía a todo un pueblo
y lo levanta con vivas flores y rojos besos.

No es tu canto mercancía
de los que no quieren vender verdades,
no es tu canto mercenario
de los que no quieren nuevos amaneceres
y nos inundan, vacíos,
con todas sus simplezas,
en toda su plena indiferencia.

Tu canto es amor, hielo y fuego,
compromiso con los tuyos,
reverdecer de campos yermos,
melodías de sirenas totales
que, de nuevo, una y otra vez,
en repentino y hondo suspiro
hace palpitar a todas las estrellas.

Tu canto es universal,
viva Violeta que alegre renace
cada nueva mañana,
el auténtico viento que vibra
saliendo de tu libre guitarra
cual bello pájaro
anunciando su vuelo.

En un tiempo donde todo es mercancía,
donde lo perenne se desecha
y se aprecian los despojos,
tu canto es la brisa
que brota y refresca,
tu canto es el mar golpeando la arena
que llena todos los vacíos
y donde todo vuelve,
airoso, a tener sentido.

Oremos, pues,
por todos los cantores
que hoy quieran seguir tu ejemplo.

(A Violeta Parra)

REVOLUCIÓN 50

Guerrillero de altas cumbres,
corazón de los pobres,
digno río que fluye
sin temor a nada.

Guerrillero de las ciudades
siempre atento en tu mirada,
llevas la alerta en tu pupila,
llevas la dignidad a la alameda
siempre queda, siempre nueva.

Guerrillero de mi vida
contigo el mundo avanza
hacia la más firme esperanza
contra los más fieros fantasmas.

Guerrillero de Saturno,
tienes en la mano la flor,
tienes en la mano la espada,
reluces fresca alegría
en tu sonrisa radiada.

Guerrillero que avanza,
siembras la vida que anda,

siembras luz y futuro
en las tinieblas de esmeralda.

Las niñas y los niños
sueñan en tu mirada
racimos de uvas blancas.

(Al Guerrillero)

POEMA 101

Vida da miña vida,
vida que da a vida,
es santa e inocente
abraiante e pura.
¿Como podes ser tan transparente?
Ti soa poderías coller o corazón
de todo o cosmos,
o átomo que brinca,
a chama que treme.

Se todos fóramos coma ti
todo sería moito máis sinxelo,
sería como alumar sendeiros,
andados
dende fai séculos.
Porque ti naces co sol
e saes co vento
en toda a túa alma núa,
en toda a túa arela,
en toda a túa sinxela enerxía.

Helena do meu corazón
dáme algo do teu ser,
a túa condición.

Helena que chegaches
dende a afastada estrela
á insólita chamada,
acompáñame sempre
nas escuras noites
de lúa senlleira,
nos duros días
de espesa brétema,
e non te esquezas xamais
do teu pai que te ouve,
sinte e chora,
do teu pai que te cingue,
beixa e ama.

(A Helena)

ÍNDICE

ESTA
PRIMERA EDI-
CIÓN DE *De cantos y
revoluciones,* DE ALBERTO
PÉREZ RIERA, HA SIDO IMPRESA
CON PAPEL AHUESADO, DE 80 GRA-
MOS. SE HA UTILIZADO LA TIPOGRA-
FÍA GARAMOND PRO. Y SE TERMINÓ
DE IMPRIMIR EN LA IMPRENTA REPRO-
GRÁFICAS MALPE, EN GETAFE (MA-
DRID), EN EL MES DE FEBRERO DEL
AÑO 2024.

❧